R 11931

Berlin
1761

Le Guay de Prémonval, André-Pierre

Vues philosophiques, ou Protestations et déclarations sur les principaux objets des connoissances humaines

Tome 1

BELLEVALLÉE

R. 2240.
16A.

VUES PHILOSOPHIQUES;

OU

PROTESTATIONS

ET

DECLARATIONS

sur les principaux Objets des Connoissances humaines;

PAR

M. DE PRÉMONTVAL.

TOME I.

Seconde Edition.

A BERLIN
chez JOACHIM PAULI.

M DCCLXI.

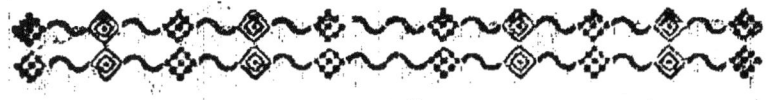

AVERTISSEMENT.

Le Satyrique du siecle passé déchira les Poëtes ses Confreres par des railleries, qui leur apprenoient bien qu'il les méprisoit, sans les rendre plus dignes d'estime. Rempli d'un fiel encore plus amer, l'Abbé Desfontaines a exercé dans la République des Lettres une Dictature, qui pouvoit être utile, si la Probité en eût réglé les arrêts. Quoique le Public ne leur ait que trop applaudi à l'un & à l'autre, mon dessein n'est point de les imiter. Aprés avoir préparé les esprits de mon mieux, je commence dans ce second Volume à tenir parole. J'éleve ma voix au milieu de nos Philosophes : je proteste, avec force, contre la plûpart de leurs Opinions, de leurs Découvertes, & de leurs Systèmes. Mais, attentif à n'attaquer que les Sentimens, sans toucher au Mérite personnel ; attentif, même à leur donner à tous des marques, ou de respect, ou d'estime, il ne dépendra pas de moi que leur Délicatesse ne souffre, que le moins qu'il soit possible. Ils ne m'en sauront pas plus de gré, dit-on. Soit. Je m'en méfiois ; & j'ai pris mon parti là-dessus, il y a lontems.

PRÉFACE.

C'est ici l'Ouvrage, qui a été annoncé plusieurs fois depuis trois ans, soit dans les Essais qui en ont paru, soit ailleurs, sous le *Titre* de PROTESTATIONS & DECLARATIONS *sur les principaux Objets des Connoissances humaines.* L'on a jugé celui de VUES PHILOSOPHIQUES plus commode; & l'on n'a point crû qu'il y eût d'inconvénient à le substituer, en conservant l'autre comme *Argument.*

L'intention dans le choix du Titre, a été d'en trouver un fort général, qui pût convenir à une multitude de Pieces, de même nature, quant à l'esprit de recherche qui y regne, & dignes peut-être, à cet égard, de la qualification de *philosophiques*; mais sans aucune liaison entr'elles pour la plûpart, soit à cause de l'extrême variété des Sujets; *Goût, Sciences, Arts, Littérature, Histoire, Morale, Religion;* soit à cause de la variété-même des formes, sous lesquelles les Sujets sont traités;
„ *Lettres, Discours, Mémoires, Dissertations,*
„ *Observations, Pensées détachées, Fictions,*
„ *Allégories, Examens & Critiques d'Ouvra-*
„ *ges anciens & modernes;* enfin tout ce qui
„ a pû, ou qui poura donner lieu, de *protes-*
„ *ter* contre des Erreurs, ou de *déclarer*, li-
brement,

,, brement, fa penſée ſur les plus importans
,, Objets de nos Connoiſſances. ,,

De ces Pieces, les unes ſont compoſées depuis lontems, quelques-unes même depuis quinze ou vingt ans au moins, & peuvent déjà faire pluſieurs Volumes. Il y en a d'autres qui ne font que projettées, ou dont l'Auteur n'a encore que les matériaux. En y joignant celles que la Publication des unes & des autres ne manquera pas d'occaſionner, on ſe croit en état de fournir deux Volumes, par an ou à-peu-près, pendant un nombre d'années. Voici le premier Volume. Le ſuivant eſt ſous preſſe & ne tardera point.

Pour ce qui regarde la Diſpoſition des Pieces, l'embaras n'étoit pas médiocre; & l'on avoue qu'on a été aſſez lontems ſans ſavoir à quoi s'en tenir. L'enchaînement des Matieres n'eſt point praticable. L'ordre des Dates l'eſt auſſi peu, parce que ſouvent une Piece déja publiée, ou qui porte l'empreinte des circonſtances où elle a été faite, ſe trouve ſuppoſer les principes d'une autre Piece de date fort poſtérieure. Dans cet embaras l'Auteur a pris un milieu. Tantôt c'eſt l'ordre des tems qui le détermine; tantôt c'eſt le rapport des Sujets, ſelon le beſoin. Quelquefois ce n'eſt ni l'un ni l'autre. Il a prétendu uſer de toute la liberté poſſible; mais cependant d'une liberté raiſonnable, tant pour la forme que pour le fond. Un arrangement fort méthodique ne pouvant point être le mérite de son Ouvrage, il a voulu que l'agrément qui naît de la variété, y suppléât. L'essentiel est, qu'un Mélange de Pieces, qui pouront paroître jettées comme au hazard, n'en conduise pas avec moins de sureté à un But vraiment utile.

On avoit annoncé que le premier Volume contiendroit les *Pieces Académiques*, c'est-à-dire celles dont l'Auteur a fait lecture dans quelque assemblée, soit publique, soit particuliere, de l'Académie Royale des Sciences. Comme elles se sont fort augmentées depuis ce tems-là, cela seul a demandé quelque changement. L'on a rassemblé dans ce premier Volume les Pieces qui concourent à faire mieux connoître les motifs de l'Ouvrage, les vûes qu'on s'y propose, l'esprit dans lequel il est composé, & d'autres détails dont il étoit bon d'instruire d'abord le Lecteur. Parmi ces Pieces il s'en trouve trois ou quatre du nombre des *Académiques*. Le second Volume renfermera la plus grande partie des autres. Ce qui reste, avec quelques Pieces relatives aux mêmes Sujets, fera le troisieme. Vient ensuite l'*Essai de* THEOCHARIS, que, toutes réflexions faites, il n'y a pas moyen de placer plûtôt. Enfin, d'autres Matieres de nature par elles-mêmes, ou traitées de façon, que le nombre des Volumes soit racheté par l'Intérêt.

Ce sur quoi il importe le plus de prévenir le Lecteur dans cette Préface, c'est sur la nécessité de se mettre de bonne heure dans le point de vûe propre de l'Ouvrage; & il faut l'aider à s'y placer.

„ Donner sa voix, comme membre de la
„ Société humaine, sur les principaux Ob-
„ jets de nos Connoissances, en faveur de
„ ce que l'on croit vrai, & contre ce que
„ l'on croit faux, sans prétendre gêner
„ davantage les Opinions de qui que ce
„ soit, qu'un Citoyen de Rome ou d'A-
„ thènes n'en gênoit un autre par son suf-
„ frage; „ c'est ce que l'Auteur se propose en général.

Vous voulez, lui dira-t-on, donner votre voix; mais personne ne vous la demande. Je le sais, & m'en embarasse fort peu, repliquera-t-il. Il suffit du droit que j'ai de la donner comme Homme; & de plus encore, titre assez rare, comme Homme qui pense. Libre à chacun de n'en tenir que le compte qu'il lui plaira; comme je ne tiens, moi, de votre opposition, que le compte qu'il me plaît, non plus que de telles ou telles autorités.

Quelles Vûes nous annoncez-vous dès le Frontispice, dira quelqu'autre? Elles n'ont point l'air de devoir être fort nettes, ni fort distinctes. Falloit-il vous guinder si haut, pour voir *quantâ sub nocte jaceret Nostra dies;* pour ne découvrir que ténebres par la comparaison d'un peu de clarté?

Ceux

Ceux qui feroient ce reproche, ne sauroient pas que c'est beaucoup voir en Philosophie, que de voir que l'on ne voit gueres; & qu'il est une maniere très philosophique en effet de voir les ténebres-mêmes. L'Auteur se pique de les avoir vûes de cette maniere. Il se flatte qu'un Exposé naïf de ses Doutes, de ses Incertitudes, & même de ses Peines d'esprit en différens tems, peut n'être pas sans utilité. Mais il se flatte aussi d'avoir vû plus que des ténebres, & de pouvoir rendre compte d'Objets distincts, apperçus sous des aspects fort consolans.

Il a dessein d'exposer avec candeur, non seulement ce qu'il pense aujourd'hui sur chaque Objet un peu considérable de nos Connoissances; (ce qu'il voit nettement, ce qu'il ne fait qu'entrevoir & desireroit de voir, ce qu'il ne voit ni ne se soucie de voir;) mais aussi ce qu'il en a pensé à différentes époques de sa vie depuis une vingtaine d'années, & ce qu'il ne seroit pas impossible qu'il en pensât quelque jour, si tel ou tel Principe vient à être détruit, ou confirmé, par les discussions qu'il espere. Ainsi l'on ne peut guere imaginer de champ plus vaste, que celui qu'embrasse cet Ouvrage.

Penser, selon l'Auteur, n'est pas l'occupation d'une ame aussi indolente, ou aussi tranquille qu'on le pouroit croire. Tout doit tendre à certaines grandes Vérités sur lesquelles il faut se fixer; & se fixer par raison.

Bien

Bien infenfé, qui penfe, & ne penfe point à cela, ou ne penfe que pour s'en écarter! Rechercher les Principes néceffaires, les approfondir avec foin, ne ceffer de les manier, remanier, & de les combiner, tant qu'on a le malheur d'y trouver des Conféquences embaraffantes ; (c'eft-à-dire peut-être toute fa vie !) non, ce n'eft rien moins qu'une occupation, qui comporte, ni l'Ataraxie Sceptique, ni l'Apathie Stoïque. Ce que l'ame a de chaleur, de feu, d'activité, n'y eft point de trop. Un efprit vif, un tempérament ardent, ne peut que s'y enflammer ; & fortement affecté par les Objets, il doit tranfmettre aux autres par l'énergie de l'Expreffion toute celle du Sentiment qui le pénetre.

Cette ardeur eft, comme on ne l'ignore point, le caractere propre des Ecrits de l'Auteur : mais comme il s'eft fait un devoir de confidérer chaque Objet fous toutes fes faces, les plus favorables & les plus défavorables, & qu'en conféquence il lui eft fouvent arrivé de voir les chofes en différens tems, & quelquefois prefque dans le même tems, des manieres les plus différentes ; ayant foigneufement exprimé ces différentes manieres de voir, dans l'inftant où il en étoit le plus frappé, il s'enfuit qu'il n'y a point d'Ouvrages, où l'on doive s'attendre à trouver une oppofition plus apparente de Principes, & de Sentimens, qu'en celui-ci, ou fi l'on veut, de plus fréquentes Contradictions.

Ici

Ici l'Auteur poura paroître le Pyrrhonien le plus outré; là le Dogmatique le plus décidé. Ici, fufpect d'Irreligion; là, voifin de la Superftition. Ici, mifantrope achevé; là, trop complaifant ami du genre humain. Ici, peignant dans l'amertume du cœur fes cruelles incertitudes; & là, rempli de plus de confiance, qu'il ne femble appartenir à notre état. Aucune de ces extrémités n'eft, fi l'on peut ainfi parler, le repos ou le point fixe de fon ame. Mais ce font des alternatives où il a paffé; c'eft un balancement, un flux & reflux d'idées, dont il a fait plus d'une épreuve dans fa vie: ce qui n'eft point un mal. Un Anonyme derniérement a eu bien de la pénétration de deviner tout cela, & d'en compofer ce qu'il appelle fon *Syftème pour juger du Diogène* de l'Auteur, ou de fes *Penfées libres fur l'Homme*. Entreprife affez étrange, que de faire un *Syftème* fur un Livre qui ne méritoit pas d'être lû! L'Anonyme, quoi qu'il en foit, a rencontré jufte, & fort bien deviné ce que l'Auteur avoit dit lui-même en tant d'endroits.

Une autre fource des Contradictions que l'on croira trouver dans cet Ouvrage, ce fera fans doute l'extrême impartialité de l'Auteur, & l'équité dont il fe pique dans l'examen des Opinions. Sa conduite à ce fujet eft telle, qu'il ne s'eft jamais occupé de quelque Opinion que ce puiffe être, même pour la combattre, fans commencer par fe mettre à la place de ceux qui la défendent, & faire sincérement ses efforts pour s'en convaincre. On sait la maxime du Théatre, qu'on doit revêtir le caractere, & les sentimens, de ceux dont on a pris le Personnage. L'Auteur pense, qu'il seroit très utile de transporter cette maxime dans la Critique; en sorte qu'avant toutes choses, l'on essayât de prendre le tour d'esprit de ceux dont on se rend le Juge ou le Censeur. Quitter son Point de vûe favori, chercher de bonne foi celui des autres, c'est le moyen de parvenir à voir ce que les autres voyent, & de pouvoir faire une comparaison avantageuse de leur maniere de voir avec la nôtre. En essayant de se convaincre d'une Opinion qu'on veut combattre; en fesant effort, pour démêler par où, & comment, on peut en être convaincu; ce qui arrive, c'est qu'on ne la combat point, ou qu'on le fait avec toute la supériorité possible.

On doit remarquer que c'est surtout à l'égard des Opinions pour lesquelles il se sent le plus de répugnance, que l'Auteur suit ce procédé avec une plus scrupuleuse exactitude; lorsque d'ailleurs elles se trouvent avoir de la célébrité, ou qu'elles roulent sur des Sujets importans. Une Opinion nous révolte, & néanmoins elle a une très grande vogue dans un siecle éclairé où nous vivons. Quand elle nous révolteroit encore davantage, il ne se peut pas qu'elle n'ait des jours

&

& des aspects très favorables, qu'il est de notre devoir de chercher jusqu'à ce que nous soyons parvenus à les saisir. Nous manquons à notre siecle, à nous-mêmes, & à la Vérité, si nous ne nous y portons avec ardeur. L'effet de la vivacité de ces recherches, l'Auteur l'a mille fois éprouvé, a été qu'après avoir saisi ces jours & ces aspects favorables d'Opinions qu'il est fort loin de goûter, il lui est arrivé, non seulement de les exprimer avec plus de chaleur & de force que leurs Partisans n'ont coûtume de faire, mais même de les présenter d'une façon plus lumineuse. Tant il est vrai qu'il est un feu de l'ame, qui nous éclaire pour le moins autant qu'il nous échauffe! De même, s'il s'est agi de toucher les endroits foibles des Opinions vers lesquelles il panche, ou sur lesquelles il est le plus décidé, il a toûjours eu, pour regle & pour principe, une conduite dont il n'y a presque pas d'exemples. Rassembler avec soin toutes les difficultés, chercher les jours & les aspects les plus défavorables, analyser jusqu'au bout les conséquences les plus fâcheuses, ou les plus embarassantes, enchérir enfin, sur les Adversaires-mêmes, par l'énergie des tours & par la force de l'expression; voilà le plan dont il ne s'écarte jamais.

De pareils Procédés déconcertent la plûpart des esprits, qui n'y sont point faits. Effleurer les difficultés de son Système, ou

les

les diſſimuler entiérement, déprimer les objections & faire ſonner bien haut les preuves, ç'a été dans tous les tems la méthode des Philoſophes. Mais revêtir le perſonnage d'Adverſaire de ſes propres ſentimens, & pouſſer le naturel de l'action au point que l'on s'y méprenne, cela eſt inoui. On ne conçoit pas que l'on puiſſe tenir cette conduite de bonne foi. *N'avez-vous pas honte de mentir ſi bien?* diſoit-on au premier inventeur de la Scène. Le reproche qu'on feſoit à un Poëte, on croit le faire avec plus de raiſon à un Philoſophe, qui ſe permet cette innocente eſpece d'impoſture. C'eſt trahiſon, perfidie. C'eſt deſſein prémédité de tout confondre. Ou bien c'eſt envie de faire briller la ſubtilité de ſon eſprit aux dépens de la Vérité. Ou bien encore c'eſt incapacité de ſe fixer à un parti. Ou ſi les choſes ſont dans différens Ouvrages, ou dans un même Ouvrage à une certaine diſtance les unes des autres, c'eſt défaut de mémoire, mépriſe, contradiction.

Contradiction, ſoit. L'Auteur ſe contente de prévenir ici le Lecteur ſur le Fait. Il ſe réſerve à en établir le Droit en tems & lieu.

Entre ces prétendues Contradictions, trop frappantes pour n'être pas remarquées dans cet Ouvrage, l'Auteur déclare donc que les unes viennent effectivement de l'incertitude où il eſt ſur les Objets-mêmes. D'autres,

de

de la différente maniere dont il a vû les mêmes Objets en différens tems. D'autres, de la méfiance, où il a dû être de fa maniere de voir, ce qu'il voit, ou croit voir le mieux, quand un nombre fuffifant de bons efprits ne voyent pas les chofes de la même façon. Il n'y a point d'Objets, qui ne fe rencontrent dans quelqu'un de ces trois cas.

Quelquefois auffi il faudra prendre garde fi la diverfité de fentimens & de langage, certains nuages, certaines obfcurités, ne viendroient point de ce que les Objets feroient changés; ce qui doit s'entendre des Perfonnes & de leurs actions. Car il fe pouroit que le changement fût beaucoup moindre à proportion dans le langage & dans les fentimens de l'Auteur, qu'il ne l'eft dans les Objets. La remarque eft effentielle : c'eft au Lecteur à s'en fouvenir.

Au refte pour n'avoir rien à fe reprocher, & pour mettre de la franchife jufques dans ce qui femble en être le moins fufceptible, l'Auteur ajoûte, *qu'enfin il y a quelques Articles fur lefquels, quoiqu'auffi décidé qu'on puiffe l'être, il ne prétend dire nettement fa penfée que dans les derniers Volumes de fon Ouvrage.* D'ici-là, il veut laiffer le Lecteur en fufpens, fur la finguliere oppofition des Formes qu'on lui verra prendre. Qu'importe, pourvû qu'en agitant le Pour & le Contre,

Contre, il le fasse avec candeur, & n'avance que des choses fondées en raison, capables de saisir un bon esprit? Il suffit qu'il en avertisse, avec promesse que les derniers Volumes leveront tous ces voiles, & feront disparoître toutes les différentes especes de contrariétés, en sorte que l'Ouvrage se termine par l'exposé le plus net de ses véritables sentimens.

En voilà plus que l'Auteur n'en comptoit dire dans cette Préface, sur l'article des Contradictions. Il pouvoit s'en tenir à l'exemple récent de deux illustres Philosophes, qui ont témoigné ne point faire scrupule qu'il s'en glissât dans leurs Ecrits. Ce qui lui manque du côté de l'autorité & du mérite, la nature de son Ouvrage le compensoit. A l'égard des Répétitions qu'il s'est pareillement permises à leur exemple, c'est encore à la nature de son Ouvrage qu'il en appelle. Une multitude de Pieces, dont plusieurs roulent sur les mêmes Sujets, mais écrites en différens tems, en différentes occasions, & souvent adressées à différentes personnes, ne peut que rebattre les mêmes Principes, tout au plus sous des tours un peu variés. Autant ces Redites seroient vicieuses dans un Ouvrage de pur amusement; autant ce seroit une fausse délicatesse que d'en être choqué, lorsqu'il s'agit de Matieres fort importantes. D'ailleurs on ne sauroit trop remettre certains Points

de

de vûe fous les yeux d'un Lecteur diftrait; d'un Lecteur généralement pareffeux de fe rappeller, en chaque rencontre, ce qui peut en avoir befoin. Par cette raifon il y a plufieurs de ces Redites, que l'Auteur avoue même qu'il a fongé plûtôt à multiplier qu'à éviter.

Il eft une autre forte de Redites, ou de Répétitions, qui confifte à ne donner au Public que ce qu'il a déjà, ce que d'autres ont penfé & dit avant nous. Dans un Ouvrage de la nature de celui-ci, il eft difficile que tout, & jufqu'à l'Enfemble-même, foit dans le cas de ne rien préfenter de neuf; mais il eft impoffible qu'une infinité de détails ne foyent dans ce cas. En parcourant tous les Objets de nos Connoiffances, pour expofer ce qu'il en penfe & ce qu'il en a penfé dans les différens tems de fa vie, l'Auteur n'a garde de prétendre ne s'être rencontré avec perfonne. Peut-être même y auroit-il plus de folie à le prétendre avec fondement, qu'à le préfumer fans fondement. L'étrange efprit fans doute, que celui dont toutes les penfées lui appartiendroient en propre, de façon à n'avoir rien de commun avec les autres! Au contraire, il eft un fens felon lequel toutes les penfées d'un bon efprit font à lui, même les plus communes. Et de là l'ufage fupérieur qu'il en fait faire. De là, ce tour original, qu'elles manquent rarement de

prendre

prendre entre ses mains. S'il se trouve, que ce soit, absolument parlant, le mérite du plus grand nombre des vûes & des pensées de cet Ouvrage, le Lecteur, à ce qu'on ose croire, n'a pas droit d'en demander plus.

Mais l'Auteur vise-t-il à plus? L'Auteur prétend-il à la gloire singuliere de Génie créateur, d'Inventeur d'Opinions, de Principes &c.?

L'Auteur ne prétend à rien de trop brillant, de peur de se préparer la mortification de se voir déchu de Prétentions hazardées. Quand on a sans comparaison plus réfléchi que lû, soit par un effet de son goût naturel, soit à cause d'infirmités qui n'ont permis que les Lectures essentielles, on est exposé souvent à regarder comme sien, ce qu'on sait en conscience ne devoir point aux secours d'autrui. Avec les seules Lectures essentielles, il est vrai qu'on ne tombera pas dans l'inconvénient de s'approprier des Idées fort saillantes d'Auteurs célebres. Cela ne suffit point. Vous avez mis une Idée dans un beau jour, & vous croyez de bonne foi qu'elle est à vous, parce que vous ne l'avez rencontrée nulle part, ou qu'elle ne vous a point frappé. Insistez, tant qu'il vous plaira, insistez sur l'utilité dont elle peut être; mais gardez-vous de faire sonner trop haut votre droit de Propriété. Bientôt vous verriez sortir de terre vingt Auteurs, anciens ou modernes,

prêts

prêts à revendiquer l'honneur de la Découverte ; cet honneur, dont vous êtes si jaloux, que sans lui le mérite-même de la chose ne vous touche point. Encore ! encore si l'on en étoit quitte pour cette perte, & qu'on ne vît point succéder à l'espérance d'une gloire frivole une honte trop réelle, dans le soupçon d'Ignorance ou de Plagiat.

Rien n'a plus contribué que cette réflexion au parti qu'a pris l'Auteur, de rassembler toutes ses Idées sous un point de vûe, qui ne l'engage, ni à prétendre donner du neuf, ni même à en donner. Il y a plusieurs de ses Idées qu'il sait très bien avoir reçues d'ailleurs ; il y en a d'autres qu'il sait avec une égale certitude avoir trouvées dans son propre fonds. Entre les premieres, il y en a beaucoup dont il n'a pas manqué de faire honneur aux Sources où il se souvient qu'il les a prises. Mais quelquefois il ignore lui-même d'où telles ou telles Idées lui sont venues, & quoiqu'il se rappelle bien en gros qu'il en est redevable à ses Lectures ; faute d'avoir sous la main les Livres nécessaires, & surtout ceux qu'il n'a lûs que dans sa jeunesse, dont il avoit fait de précieux Extraits, qu'il a eu le malheur de perdre avec quantité d'autres papiers dans ses diverses Transmigrations ; faute aussi de pouvoir se livrer aujourd'hui à des recherches trop pénibles dans des Ouvrages volumineux ; il ne lui est presque plus possible de se remettre sur les voyes.

voyes. Peu importe apparemment. A l'é‑
gard des Idées qu'il fait avec certitude avoir
trouvées dans son propre fonds ; & même de
fort bonne heure, avant qu'il se fût élevé à
des Lectures d'un ordre au dessus de ce que
l'usage permet sur les bancs de Philosophie ;
il y en a beaucoup, & de très considérables,
qu'il a successivement reconnu par la suite
n'être point neuves. Il a fallu s'en consoler,
non sans dire, dans le premier mouvement
d'un léger dépit; *Pereant qui antè nos nostra
dixerunt!* Et le motif de cette naïve Im‑
précation, on peut l'assurer, a toûjours été
moins le regret d'un médiocre honneur dont
on voyoit l'espoir s'évanouir, que cette pen‑
sée : „ J'encourois le reproche de Plagiat,
„ en produisant comme mien, ce qui est
„ réellement à moi, & ce que, de la meil‑
„ leure foi du monde, je croyois n'être qu'à
„ moi.„

Que faire ?... Réclamer en toutes rencon‑
tres une Propriété suspecte ? Procédé fort ri‑
dicule, quand on seroit sûr même d'en être
crû sur sa parole. Cela passe de fois à autre,
pourvû qu'on n'y revienne pas souvent, &
que les objets ne soyent pas non plus d'un
trop grand prix.... Se reconnoître redeva‑
ble à d'autres, généreusement, de ce qu'on
n'a point reçu, comme si l'on étoit dans le
cas de l'avoir reçu? Effort en effet très géné‑
reux; car il coûte, & doit coûter. On ne
feroit cependant point difficulté de le pren‑
dre

dre sur soi, s'il tiroit de tout embaras. L'expérience, qu'on a de plusieurs mécomptes semblables, apprend qu'on doit s'attendre à beaucoup d'autres, tant qu'il reste un certain fonds dont on se croit propriétaire. Faudra-t-il s'interdire l'usage de ses Biens, jusqu'à ce qu'on en ait vérifié les titres ? Mais quelle sureté dans une vérification qui ne peut jamais être que négative ? A quoi se réduit-elle après mille recherches laborieuses ? On n'a point rencontré, on n'a point vû. Et qui dit qu'on ne rencontrera point autre part ? Qui dit, si l'on n'a point vû, que ce ne soit point distraction, inattention, causées par la lassitude ou par l'ennui ? Lassitude, ennui, qu'éprouvent plus que qui que ce soit dans de longues Lectures les esprits qui aiment à penser d'eux-mêmes ! Tel esprit, qui se porte à des méditations continuelles avec une ardeur infatigable, languit sur de gros Livres. Il n'est plus maître de ses facultés. Les idées volent devant lui comme des nuages ; il n'en peut saisir aucune. A chaque instant il lui arrive de se surprendre ne réfléchissant plus, ne pensant plus ; ou de se retrouver sur des objets très éloignés. Ou bien il lui faut des efforts prodigieux, qu'un épuisement beaucoup plus funeste, en tant que plus durable, suit bientôt après ; & toûjours lui reste-t-il quelque inquiétude, s'il ne lui seroit rien échappé d'essentiel en dépit de tous ses efforts. Peu d'avantad'avantages d'ailleurs à retirer; mais l'inconvénient réel, de se priver, dans la tractation des sujets, de cette chaleur originale, que donne la satisfaction d'avoir vû naître chez soi les idées que l'on travaille. Difficilement donc un esprit de cette sorte se résoudra-t-il à mettre des dégoûts infructueux à la place de délices utiles; surtout si le physique de la constitution & la foiblesse-même des organes s'y refusent, & permettent à peine des recherches plus nécessaires.

Condamné de maniere ou d'autre, par antipathie ou bien par impuissance, à ne savoir de sa vie, ce que contiennent une infinité de Volumes, qui présentent leur formidable appareil dans de vastes Bibliotheques; il est naturel de s'écrier à cette vûe: ,, Hé ,, bon Dieu! tout ce que je pense, & tout ,, ce que j'ai jamais pensé, ne seroit-il point ,, ici? & n'auroit-on pas déjà redonné mille ,, fois au Public, ce que je me prépare à ,, lui donner comme neuf? ,, On frissonne d'un doute si légitime. Néanmoins ne se sentant, ni la force, ni le courage, de s'en éclaircir par soi-même, a-t-on recours à ses Amis, ou aux Personnes avec qui l'on est en liaison? Autres perplexités! Peut-être qu'au fond la plûpart ne sont gueres plus au fait, ayant tourné leur attention sur des objets différens du vôtre, quoiqu'au reste dans le même genre. Les uns, d'une humeur civile & complaisante, se croyent obligés

de

de répondre à tout hazard, *que vos Idées font neuves, ou du moins leur paroissent telles.* D'autres pour qui rien ne doit être neuf, & qui y croiroient leur honneur intéressé, ont *toûjours vû vos Idées quelque part :* cela est immanquable. Où, de grace ? Indiquez-moi les sources ; que j'aye le plaisir d'y remonter avec vous, ou sur vos pas. C'est un secours que vous n'en devez point attendre. Une immense Lecture ne leur permet pas de se rappeller de pareils détails. S'ouvrent-ils en votre faveur, jusqu'à risquer quelque indication particuliere ? Que trouvez-vous ? Les Sujets, à la vérité ; oui fort bien, les Matieres dont il est question : mais les Opinions souvent les plus opposées aux vôtres. Ou si vous reconnoissez votre Opinion, dans un énoncé général, ou dans la signification vague des termes ; il y aura tel Principe, telle Conséquence, ou seulement même tel Accessoire, qui fera changer de nature à la chose du tout au tout. Mais où sont les esprits, capables de sentir ces nuances délicates, qui suffisent pour constituer réellement deux Opinions contradictoires, où l'on ne voit en apparence que la même Proposition ? Combien aussi, à qui l'équité, la volonté, manquent, pour saisir les plus frappantes ?

L'Auteur espere s'être une bonne fois débarassé de ces inquiétudes, par la Déclaration formelle, encore un coup, de ne prétendre à la Propriété de quoi que ce soit.

S'il

S'il semble s'en écarter en quelques rencontres, & laisser trop appercevoir qu'il regarde certaines Idées comme neuves, cela signifiera seulement qu'en effet elles sont neuves pour lui, & qu'il présume qu'elles le peuvent être aussi pour d'autres. Cela signifiera, que neuve ou non, dite pour la premiere ou pour la millieme fois, il a crû devoir dire la chose, & la dire à sa maniere; parce que n'ayant point remarqué qu'elle eût dans les Opinions des Philosophes l'influence qu'elle devroit avoir, c'est une preuve, ou qu'elle n'a point été dite, ou qu'elle n'a point été assez dite, ou qu'elle n'a point été bien dite, ou qu'elle n'a point été dite, pour le siecle, précisément de la maniere qu'il le falloit. Après du tems & des recherches, s'il se trouve que quelques Idées n'appartiennent à personne, & qu'on veuille lui en adjuger la découverte; à la bonne heure!

Il y a des gens, qui lorsqu'ils ont traité un Sujet, croyent avoir si bien fermé la porte sur eux, que l'entrée ne soit plus libre à d'autres. Ce sont ces gens-là qui crient le plus haut, qu'on ne fait que rebattre les mêmes Matieres. Tel qui n'a sû, de sa vie, que suivre pas-à-pas les préjugés communs, ou ceux de sa Secte, trouve mauvais qu'on prenne la plume à son tour. *Quelles nouvelles lumieres, ou quelles obscurités nouvelles, pouvez-vous donc espérer de répandre sur cette Question?* C'est ce qui fut

fut dit à l'Auteur, lorsqu'il annonça l'un des Essais de cet Ouvrage; ses *Pensées sur la Liberté*. ,, En cas, repliqua-t-il, que ,, le monde dure quelques siecles, ne croyez- ,, vous pas qu'il y ait encore plusieurs mil- ,, liers d'Ouvrages sur ce sujet. Hé bien! ,, le mien sera le premier. ,, On peut remarquer que cinq ou six sont venus depuis. Rien de plus naturel. Tandis que les uns remanient leurs raisons, bonnes ou mauvaises, les autres sont également en droit de remanier les leurs. Mais personne n'a plus de droit assurément, que ceux qui ne prennent la plume, que pour s'élever contre des Opinions vulgaires, des Préjugés dominans, des Erreurs accréditées; quand ils ne feroient que redire contre ces Opinions, ces Préjugés & ces Erreurs, ce qu'on a dit souvent avant eux; oui, quand ils ne feroient que répéter ce qu'on a dit des millions de fois!

Eh peut-on jamais, peut-on, l'on ne dit pas *répéter assez*, mais *répéter autant* d'utiles Protestations contre telles ou telles Erreurs, que la foule des prétendus Docteurs & de leurs Echos, en ont *répété* la Profession dans une durée de plusieurs siecles? Quoi? tandis que de siecle en siecle, des nuées de mercénaires Discoureurs, ou d'Ecrivains de la même étoffe, sont en possession de rebattre les mêmes lieux-communs, & les mêmes impertinences; tandis qu'ils en font retentir les chaires de Philosophie, les chaires de Théologie, & jusqu'à celles de Vérité; tandis qu'ils en groſſiſſent leurs livres, & qu'ils en affadiſſent à l'excès leurs converſations; un petit nombre de gens qui penſent, ne poura pas de tems à autre, élever ſa voix, & dire ſimplement: ,, Nous ,, proteſtons contre tel Principe ou contre ,, telle conſéquence. Nous proteſtons con- ,, tre telles ou telles Opinions, comme nous ,, paroiſſant fauſſes & inſoûtenables. Nous ,, déclarons que tel eſt notre ſentiment ſur ,, tel & tel ſujet, & cela pour telle & telle ,, raiſon. ,, La foule doctorale ſe récriera: *On nous a fait ces Difficultés mille fois....* ,, Soit: c'eſt pour empêcher la preſcription. ,, *On les a faites mille fois de la même maniere....* ,, Soit encore: c'eſt pour empêcher ,, qu'on ne les oublie. ,, *Nous en avons donné des Solutions admirables....* ,, Ah très ,, admirables! Si par Solutions vous enten- ,, dez des réponſes telles quelles, des décla- ,, mations, des ſubterfuges à faire pitié; ,, vous avez raiſon. Si vous entendez des ,, réponſes dont un bon eſprit ſoit ſatisfait, ,, c'eſt ce qui eſt en queſtion, & ce qu'on ,, vous nie. Enfin, juſqu'à ce que nous ,, ayons *répété* la Négative, autant de fois ,, plus une que vous l'Affirmative; ou l'Af- ,, firmative, autant de fois plus une que ,, vous la Négative, ſur les mêmes ſujets; ,, (& combien nous en ſommes loin!) de

quel

,, quel droit nous parlez-vous de Redites?
,, Il n'y a personne à qui il convienne
,, moins de s'en plaindre, pour peu qu'il
,, reste de pudeur. ,,

Qu'on soit dans le cas de faire usage de cette vigoureuse repartie, avec ces fastidieux Echos d'Opinions généralement établies, ou qui regnent sur des nations entieres, ou qui sont fort répandues & depuis lontems, quoique fausses; cela est dans l'ordre. Par exemple.... *Ne se lassera-t-on point de nous répéter des Difficultés* SI USE'ES, *sans nous tenir compte des Solutions* VICTORIEUSES *qu'on trouve* PARTOUT? *Ne se lassera-t-on point d'aiguiser contre nos saintes Pratiques tant de* VIEUX TRAITS, *que nous parons* SANS EFFORT?.... Devineroit-on, qui est-ce qui le prend sur un ton si superbe?... & à quelle occasion?... Un Journaliste Jésuite.... au sujet des saintes Pratiques de son Eglise! Trévoux, Mai 1755. Cela est récent. Il s'agit d'une Controverse, entre le célebre M. Pfaff & le P. Seedorf. L'Auteur ne fera là-dessus d'autres réflexions, que de prier les Philosophes & les Théologiens Protestans, au milieu desquels il vit & il écrit, de sentir enfin à quel point est monté l'abus de ce langage. Un exemple si risible leur doit faire comprendre, ou jamais, que des airs de triomphe & de mépris, mis à la place de raisons solides, n'ont d'autre effet, que d'attacher la honte sur le front qui les affecte.

fecte. C'est pour se convaincre, qu'il n'y a Opinions si monstrueuses, Causes si désespérées, dont les Défenseurs, quand on les presse, ne se couvrent de ce misérable retranchement. Ici du moins, la Cause a pour elle l'éclat imposant, que donne le respect religieux d'une multitude de Peuples, l'antiquité, l'étendue, la puissance. Mais que des Sectes, & des Sectes de Philosophie, qui ne sont que d'hier, & qui sont même à peine connues, hors de certaines Universités & de certaines Provinces, usent déjà familiérement de ce Langage! Que perpétuellement on entende de leur part ces Formules de l'orgueil & de la suffisance, (autant que de la méfiance & de la paresse:) *On nous a dit cela mille fois. Nous y avons répondu. Irons-nous y répondre encore?* & autres semblables! c'est le ridicule le plus achevé.

En un mot; anciennes ou modernes; fort étendues ou fort restraintes; ayant à produire contre elles, de vieilles, ou de nouvelles raisons; l'Auteur *déclare*, qu'il *protestera* contre toutes les Opinions, fausses ou douteuses, qui se présenteront sur sa route. Ce PROTESTANTISME UNIVERSEL est l'essence de son Ouvrage: il n'y a que la maniere de l'Exécution qui puisse en fixer le mérite, & c'est au Public à en juger. Quand au Droit, & aux Intentions, l'Auteur se réserve à s'en expliquer, dans quelques-unes des Pieces de ce Volume.

Il reste un mot à ajoûter à cette Préface, & l'on ne peut s'en dispenser. On trouveroit même matiere à plus, si l'on vouloit. Car d'abord, pour faire mieux sentir la conséquence, peut-être seroit-il à propos d'instruire le Lecteur, des Obstacles, qui ont retardé jusqu'ici la publication de l'Ouvrage. Pourquoi ces différens Essais qui ont paru ? cette diversité de Libraires ? cette tentative de Souscription ? ces Plaintes échappées en plusieurs rencontres ? & trois Années passées de la sorte ? au sein de la Liberté philosophique, l'un des plus inestimables Présens d'un REGNE AUGUSTE, fécond en prodiges, & propice au Genre-Humain !

Le Lecteur apprendroit par quelles sourdes voyes, souvent la bassesse de certaines Ames fait anéantir l'effet des plus heureuses Dispositions, émanées des Grands Génies; semblable à cet Animal vil de la Fable, dont la dent rendit inutile la bénéficence du Lion.... On feroit voir, que sans sortir du cercle des plus petits objets, il est une Persécution *morale* qui part du même esprit que la *politique*, & qui n'est pas moins funeste à tout ce qui s'éleve au dessus du niveau de pareilles Ames. Mais laissant de honteux détails, il suffit de dire, que c'est à l'entremise, aux soins, aux bons offices, & aux secours effectifs d'un tendre & généreux Ami, que l'Auteur est redevable d'être sorti de ces embaras.

Si le Public témoigne de la satisfaction de
cet

cet Ouvrage, & qu'entrant par là en quelque participation du bienfait, il veuille entrer en participation de la gratitude, la suite lui fera connoître l'Objet d'un si juste sentiment. L'une des Parties les plus intéressantes de l'Ouvrage, l'*Essai de* THEOCHARIS, adressée familièrement à cet Ami, comme ayant fait un des plus ordinaires sujets de ses conversations avec l'Auteur, sera le Monument de la reconnoissance de l'un, & du goût de l'autre, pour une Philosophie, qui semblant devoir être dans le cœur de tous les Hommes, se trouve presque étouffée, par des préjugés vulgaires, dans le cœur-même des Gens de bien.

A BERLIN, ce 10. Octobre 1756:
Jour, où tout retentit de l'allégresse d'une Victoire, qui en affermissant l'Empire Prussien, rassure un des Asyles de la Raison.

Dies, almâ lætus adoreâ!

VUES

VUES PHILOSOPHIQUES,

OU

PROTESTATIONS ET DECLARATIONS *sur les principaux Objets des Connoissances humaines.*

DEDICACE CONDITIONNELLE.

À la Postérité.

Si mon Livre vous parvient, je vous le dédie. S'il ne vous parvient point, il est à croire qu'il ne mérite d'être dédié à personne.

Tome I.   **A**   Vous

Vous aurez appris par d'autres que par moi, qu'il fut au tems & au lieu où j'ai écrit, un Prince, digne Frere du plus fage des Rois, humain, guerrier, philofophe, ami des Lettres & de ceux qui les cultivent. * Apprenez qu'il fut mon Bienfaiteur : c'eſt à lui que j'ai dû le Loifir philofophique, dont je fouhaite que vous retiriez quelque fruit.

Vous concevrez fans peine à la Fermeté de mon Caractere, que je n'ai point recherché les Applaudiſſemens de mes Contemporains. Ne penfez pas que je me fois propofé les vôtres, dont je doute trop en écrivant ce Livre, & que je ne fentirai plus quand vous le lirez. Si, parce que j'ai écrit, il arrive que vous ayez un Erreur ou deux, de moins que fi je n'euſſe point écrit, il y auroit

* FREDERIC-HENRI Frere de FREDERIC LE GRAND Roi de Pruſſe.

auroit là de quoi me combler de joie. Mais hélas! c'est ce que j'ignore, dans le tems où je suis, de même que dans celui où vous êtes. Adieu.

A Berlin, le 16 Janvier 1754.

BUT LEGITIME DU PHILOSOPHE
dans la
PUBLICATION DE SES ECRITS.

Au sujet de la Piece précédente.

Telles étoient mes Vûes & mes Dispositions, lorsqu'au mois de Mars 1754,* je publiai la premiere Annonce de cet Ouvrage dans mes *Pensées sur la Liberté.* Je ne me sens point capable d'en avoir d'autres. En remettant ici cette espece de Dédicace qui les exprime, je ne fais que rendre la Piece à sa destination, ainsi que j'en avertis alors. Trop fastueuse sans doute, (je le confessai dans le tems, & prétendis ôter à mes Censeurs l'honneur & non le plaisir de le relever,) trop fastueuse pour un simple Essai, elle ne l'est point trop pour l'Ouvrage entier dont voici le pre-

---
* J'écris ceci en Février 1756.

premier Volume. Le Motif de rendre au grand Prince, à qui je dois tout, un Hommage moins vulgaire, fut mon excuse. J'ose croire que je n'ai pas même aujourd'hui besoin d'excuse. L'Etendue de mon Travail, & l'Importance de la plûpart des Sujets que je traite, ne me permettent point un autre But.

Non; je ne crains point de hausser dès ici la voix, & de répéter avec une pleine assurance, que c'est à la seule Postérité que je consacre le Fruit de mes Réflexions, parce que c'est sans Faste & sans Orgueil que je le lui consacre, & que je ne puis le consacrer qu'à elle.

Ecoute, Lecteur, & me condamne ensuite, si tu peux.

J'ai trop hautement déclaré que je n'aspirois point à l'humiliant Honneur d'amuser un Siecle frivole & dédaigneux. Encore moins ai-je la témérité d'aspirer à l'éclairer. On ne réussit pas toûjours à égayer, à divertir, qui cherche

qu'on

qu'on le divertisse & qu'on l'égaye. Toutefois est-il plus sûr de l'entreprendre, que de porter la Lumiere dans les yeux d'un Sibarite endormi, qu'elle fatigue & qu'elle offense.

Qu'ai-je à présenter?... Peut-être quelques Vérités, ou ignorées, ou lontems méconnues, & qu'on ne manquera pas de qualifier avec dureté. Il me faudra combattre des Préjugés en grand nombre & de toute espece, m'élever contre des Sectes puissantes, soit de Théologiens, soit de Philosophes aussi redoutables. Ce n'est pas le moyen d'espérer d'accueil ; c'est beaucoup d'échapper à la Calomnie, & d'être souffert.

Cependant il faut un But.

Mon genre d'écrire n'est point de ceux qui peuvent enrichir un Auteur. Aussi personne n'a plus arraché du fond de son ame la soif des Richesses. Il ne peut mener ni aux Honneurs ni aux Emplois.

Ce cœur est moins ouvert encore à l'Ambition, qu'à l'Intérêt, même honnête & légitime. Il me suscitera, dit-on, une foule d'Ennemis. Qui ne désire rien, craint peu, & se trouve prêt à tout braver. Il ne me laissera guere d'Amis. Toûjours assez, s'il m'en laissent qui permettent qu'on le soit de la Vérité.

Ah! seroit-ce que la chimere de la belle Gloire auroit frappé mon Imagination?

Et quelle Gloire?

De mon Vivant? Je ne m'attens qu'à des Contradictions & à des Outrages; & l'Epreuve me montre, que j'ai plus de raisons de m'y attendre que je ne pensois.

Un peu de Bruit, je l'avoue, ne me déplaît pas, quel qu'il soit: non qu'il y ait dans les Eloges des hommes, plus que dans leurs Insultes, de quoi satisfaire un cœur, mais parce que ce vain Son, cet Air agité est un Véhicule nécessaire, pour répandre ce qu'on ne se donneroit pas la peine d'écrire, si on ne le croyoit digne d'être répandu, & si l'on ne voyoit quelque apparence qu'il se répandît.

Après ma Mort?... O Vanité de la Perspective ! & que c'est dire peu de chose... *Vanité!* Que je voudrois que tous les grands Hommes, nés & à naître, fussent aussi convaincus que je le suis, moi chétif entre les Humains, que le moindre Inconvénient seroit d'ignorer alors ce qui se dit de nous.

Je crois fermement que nous avons bien autre chose à penser : que nos Actions, vraiment louables, jouissent d'une Récompense qui ne pouroit qu'être avilie par le Sentiment d'une Gloire terrestre; & que cette Gloire insensée que nos fausses belles Actions, nos Ouvrages, s'acquierent ici bas, si nous en avons connoissance, ne sert qu'à notre Supplice.

Ma

Ma Persuasion étant telle que je le dis, quel But, quel Avantage, est-ce donc que je me propose ?

L'articulerai-je … au risque de n'être point crû ? … La nature de mon Ouvrage, & l'Esprit qu'on y verra régner, pouront le faire paroître un jour. Si tôt ou tard il a quelque bon effet, l'Equité demandera, qu'on juge que c'est à cela même que je tendois.

N'apporté-je que Rêveries creuses; Fruit de plus de vingt années de Méditation; de plus de vingt années passées dans un Genre de vie, & avec des Dispositions d'esprit & de cœur, qui n'ont point coûtume de nuire au Succès de la Méditation ? Eh bien cet Ouvrage tombera dans un prompt & profond Oubli: mes bonnes Intentions me resteront : je n'en serai pas plus malheureux.

A Génie égal, à Pénétration égale, inférieure même à celle du commun des Philosophes, plus d'Opiniâtreté, de Chaleur & de Hardieſſe m'a-t-il conduit à des Points de vûe plus lumineux, à une Combinaiſon plus heureuſe de quelques Vérités déja connues? Un froid Accueil, je le ſai, m'attend; plus que froid, déſobligeant; plus que déſobligeant, injurieux: Accueil dont la Raillerie maligne, la Calomnie cruelle, & le Mépris plus faux que l'une & l'autre, s'apprêtent à faire les frais. Mais l'Ouvrage demeurera. Un petit nombre de Sages en ſeront dépoſitaires. Et l'Age qui va ſuivre fera mieux que d'y applaudir, s'il peut en recueillir les Fruits.

C'eſt cet Age qui va ſuivre, qui eſt LA POSTERITÉ à laquelle je m'adreſſe; je ne porte pas mes vûes beaucoup au delà. Je prétens bien contribuer auſſi aux progrès des Ages plus reculés, par la raiſon que chaque Degré de la Baſe hauſſe d'autant la Colonne entiere. Mais qu'on en ſoit encore à s'occuper de mes Productions après quelques ſiecles, je ne ne forme point de Vœux, ni si impertinens, ni si injustes.

Voici mes Souhaits. Que ma Vie spéculative ne soit point infructueuse au monde. Mériter quelque Réputation, & l'obtenir en effet par des Services importans rendus à la Philosophie. (La Réputation est une Condition indispensable, comme Témoignage & comme Moyen; Moyen d'être utile, Témoignage qu'on l'a été.) Les Services que j'aurai rendus fussent-ils plus grands que je ne puis penser, qu'ils soyent bientôt effacés, & comme fondus dans de nouveaux Progrès de l'Esprit humain; leur Auteur oublié; ce qui ne peut qu'arriver tôt ou tard aux Neutons-mêmes & aux Leibnitz: & le plûtôt ne vaut-il pas le mieux, si la Richesse & non la Barbarie de ces siecles, en est la cause?

A supposer donc que je composasse autant d'Ouvrages qu'Aristote, & que je les remplisse d'autant de Vérités que les

siens

fiens contiennent d'Erreurs; qu'à Dieu ne plaife que la marche de nos Neveux foit fi lente ou fi bornée, qu'au bout de deux mille ans ils y doivent chercher de quoi s'inftruire! Tout Philofophe qui n'a pas ces Sentimens, n'eft pas digne de l'être. Qui les a, n'eft que digne de l'être. Il a le mérite de fon état, d'envifager les chofes jufte ce qu'elles font en foi.*

Que la baffe Malignité m'impute tout ce qu'elle voudra. Entre une infinité de Traits, directs ou indirects, plus cruels les uns que les autres, tendans à noircir mes Intentions encore plus qu'à rendre ridicules mes Procédés; qu'elle me repréfente, tantôt comme un Préfomptueux de l'efpece la plus impertinente, *qui fûr de l'Immortalité ne daigne écrire que pour les Races futures;* tantôt comme un Extravagant, qui déclare que la Fermeté

* Les Réflexions d'une Piece qui fuivra bientôt, feront voir fi ce n'eft qu'à la Pointe de l'efprit que je penfe de la forte, où plûtôt s'il y a Vérité dont je fois plus convaincu.

meté de son Caractere *ne lui permet de reconnoître la Compétence, ni de son Siecle, ni même de la Postérité;* ou que s'exaltant à un plus haut degré, elle me peigne comme un Furieux qui s'attaque *aux Puissances du Ciel & de la Terre....* Car

Qui méprise Cotin, n'estime point son Roi,
Et n'a, selon Cotin, ni Dieu, ni foi, ni loi.*

Et la Philosophie, la Philosophie elle-même, & une certaine Philosophie surtout, a ses Cotins, aussi bien que la Littérature.

Tout m'est égal: Discours répandus sourdement dans le Public; Lieux communs aussi insipides que leurs Auteurs, Lieux communs *sans applications*, dit-on; Traits lancés sous le couvert de l'anonyme; Silence affecté comme à la vûe d'Horreurs, contre lesquelles ne pouvant s'élever de la maniere qu'il faudroit on prend le parti d'un triste & douloureux Si-

* Satyres de Despréaux.

Silence; (O l'ardeur de Zele incomparable!) Calomnies atroces, débitées dans des Journaux de l'une & de l'autre Langue, par les soins de dignes Correspondans: je confondrai tout. Je n'ai besoin que d'un peu de tems, pour développer aux yeux du Public une Ame la plus hétérogene, si je puis le dire, à celles dont il s'agit.

On voit dans quel Esprit je m'adresse, encore un coup, à la Postérité.

A l'égard de mon Siecle, il m'est permis sans doute de me plaindre, après tant d'autres, de ce goût de Frivolité qui y domine, & de déclarer que rien n'est capable au monde de m'y faire conformer ma Maniere d'écrire.

Je ne recherche les Applaudissemens, ni de la Multitude légere pour qui mes Livres ne sont point faits, ni des Personnes graves, dont il me faudra souvent combattre les Systèmes chéris, les Opinions,

nions, les Découvertes. Est-ce ne reconnoître la Compétence d'aucun Juge? Ne point rechercher les Applaudissemens, de peur que cette Recherche ne nuise à celle de la Vérité, seule essentielle, seule légitime; est-ce perdre pudeur au point de se croire supérieur à tout?

Sans afficher une Liste nombreuse des Personnes dont je reconnois si bien la Compétence, que je souhaiterois fort pouvoir recueillir leurs Jugemens sur les Idées que je propose dans cet Ouvrage, je me contente de nommer un Corps illustre à qui je les soumets d'une façon plus particuliere, à cause qu'il a sur elles en effet un Droit particulier.

L'Académie Royale des Sciences, en me fesant l'honneur, il y a trois ans passés, de m'aggréger à sa Classe de Philosophie spéculative, m'a donné comme une Vocation nouvelle pour les Spéculations philosophiques. Elles sont devenues

nues mon Devoir & mon Etat; & jamais Devoir, jamais Etat, ne pouvoit être plus conforme à mon Inclination. Je me suis crû obligé de remettre à l'Examen le plus sérieux ce dont je n'avois cessé de m'occuper depuis ma premiere Jeunesse, & ce qui m'avoit roulé dans l'esprit en differens tems: Principes, Conséquences, Systèmes, Opinions, Doutes, Soupçons, Difficultés, Obscurités, Ténebres même; affreuses Ténebres, d'où j'ai vû sortir plusieurs fois des Traits de lumiere inattendus. Parvenu à l'âge qui est d'ordinaire la moitié de la vie de l'Homme,* & qui probablement, (je le souhaite au moins de tout mon cœur,) qui est, dis-je, plus de la moitié de la mienne, cette Vocation nouvelle m'a paru un avertissement de produire enfin les Fruits de mes Réflexions, quels qu'ils soyent, avant que le
Déclin

* Cujus octavum trepidavit Ætas
   Claudere lustrum.

Déclin de l'esprit m'empêche de le faire avec la Force qui convient.

Il est juste que je rende hommage à l'Académie de mon Travail; mais en me glorifiant de tenir d'elle ma Vocation, je ne prétens point la compromettre. Ce Corps respectable n'est garant ni de mes Hardiesses ni de mes Méprises: je veux qu'il ne jouisse que de mes Succès, si j'ai le bonheur d'en obtenir. De peur donc qu'une Dédicace en forme ne semblât le lier aux Entreprises d'un de ses Membres, je m'en dispense, ou m'en abstiens. Le Discours suivant qui n'a point encore paru, en tiendra lieu, pour ce qui concerne l'Expression de mes Sentimens.

REMERCIMENT
A L'ACADEMIE ROYALE
DES SCIENCES ET BELLES-LETTRES DE PRUSSE.*

Messieurs!

On a mille fois observé que les fortes Passions les plus capables de rendre éloquens ceux qu'elles possedent, ont aussi l'effet contraire de les rendre muets & interdits. Seroit-il possible que la Reconnoissance fût dans le cas; elle, hélas! que l'on peut compter beaucoup moins au nombre des Passions qui naissent au cœur de l'Homme, qu'au nombre des Vertus le plus souvent étrangeres à l'Homme.

Vertu, ou Passion, Messieurs, si quelque chose m'a présenté, j'ose le dire, avec un léger Avantage, si quelque chose

* Lû à l'Académie le 6 Juillet 1752, jour de ma Réception.

chose a pû donner une sorte de Mérite à de foibles Ecrits, par lesquels je m'annonçai dans le Public, il y a trois ou quatre ans; c'est le Caractere d'une tendre & vive Reconnoissance qui y éclate envers de généreux Bienfaiteurs que le ciel m'a suscités. On me rend le témoignage que la Lecture de mes *Mémoires*, tout peu considérables qu'ils soyent, n'est point dépourvue d'une sorte d'Intérêt, dûe sensiblement à l'Effusion de mon cœur, dont ils sont pleins. . . . Eh quoi! ce Mérite m'échapperoit aujourd'hui! je demeurerois sans voix au milieu de vous! je ne pourois, en une si importante Occasion, retrouver ces tons de l'ame, qui persuadent; ces tons énergiques; sans lesquels tout Eloge est pour le moins suspect! Quoi! je les chercherois envain, Messieurs, & me verrois réduit, pénétré de vos Bontés, à ne vous apporter en preuve de mon Hommage, qu'un froid Remerciment.

Je le confesse; cette Idée, que le Devoir dont je viens m'acquitter en ce jour, chacun de vous s'en eût acquité avant moi, & l'a vû remplir à beaucoup d'autres d'une façon fort supérieure à ce que je puis espérer de mes efforts; cette Idée, vous dis-je, me frappe, au point de répandre sur les Pensées que j'essaye, une Gêne & une Aridité sans égales. Je vois les plus amples Matieres à d'éloquens Discours: je les vois, je les sens. Il me semble, Messieurs, qu'il n'y ait qu'à ouvrir la bouche, & vouloir s'énoncer pour proférer de grandes choses. Tant de Talens divers qui brillent dans cette illustre Assemblée; le Mérite, les Vertus de votre aimable Chef; ce Palais auguste, où le plus sage & le plus éclairé des Rois, vous rassemble sous l'aîle puissante de son Aigle! Que d'Objets d'admiration & d'éloge!

Que

Que de Sujets féconds ! Que de nobles & magnifiques Idées ! Et pour comble de raviſſement, en ce moment-même, j'entre, par une Faveur inſigne, en participation de tant de Biens ! De ce moment-même cette illuſtre Aſſemblée devient ma Patrie ; ce grand Homme, déjà mon Concitoyen, déjà mon Bienfaiteur & mon Appui,* ce grand Homme devient mon Chef ; cet auguſte Palais, mon Azyle ! O Faveur, qui demande de

* Pour entrer dans les Sentimens de cette Piece, & les rapporter à leur véritable Principe, il faut ſavoir qu'après une Dame très diſtinguée par ſa naiſſance & par ſes vertus, & qui a la premiere part au Bienfait, c'eſt uniquement à M. de Maupertuis, que ma Femme doit le Poſte honorable qu'elle occupe, de Lectrice d'une grande Princeſſe ; (S. A. R. Madame la Princeſſe Epouſe de Mgneur le Prince Henri Frere du Roi.) C'eſt l'Etabliſſement que nous avons à Berlin. Toute ma Conduite depuis ce Diſcours, peut-être, n'a que trop prouvé que la ſeule Reconnoiſſance du Paſſé en avoit dicté les expreſſions, ſans aucune vûe ſur l'Avenir.

moi la Reconnoissance la plus vive & la plus animée! une Reconnoissance, qui ne demeure point muette honteusement au fond de mon cœur, mais dont la voix & les accens se fassent entendre aussi loin que votre Renommée, Messieurs! Enflammé de ce tendre Sentiment, il n'est pas possible que je ne réponde à la dignité de mon Sujet....

Je m'abuse, Messieurs. Une courte illusion qui se dissipe, ne me laisse voir que mon Impuissance, & l'extrême Témérité, encore un coup, d'oser entreprendre à vos yeux ce que vous avez tous exécuté.

Vous avez tous porté un précieux encens sur l'Autel du divin Génie qui vous protege. C'est ici l'un de ses Temples les plus sacrés. C'est le Sanctuaire des Sciences dont l'administration vous est commise. Ah! je puis, Messieurs, je puis rendre avec vous à FREDERIC, (avec vous, comme avec la Nation, comme
avec

avec toute l'Europe, comme avec l'Univers entier,) je puis lui rendre ici le culte d'une sincère admiration ; mais ce n'est qu'aux cris publics, & dans les Chœurs de vos concerts, que je dois mêler ma voix. Célébrerois-je mieux que vous dans mes propres accens, la grandeur des Prodiges qui ont élevé son Nom jusqu'aux cieux ? Redirois-je en des termes plus convenables ses Hauts-faits, dans la guerre, dans la paix; la profondeur de ses Vûes, la sagesse de ses Loix; le Bonheur, l'inestimable Bonheur de vivre sous son Empire; & celui d'être, comme nous, réunis d'une façon plus particuliere à l'ombre de son Thrône? Vous avez signalé votre éloquence sur ce grand Sujet. Vous vous êtes surpassés vous-mêmes; vous avez enchéri, Messieurs, les uns sur les autres. Qui enchérira sur vous, que la Vie & les Actions de FREDERIC ?

Après l'hommage que vous devez à la Personne du Roi, vous n'avez rien de plus à cœur, que le tribut d'éloges dont vous vous croyez redevable envers votre illustre Chef. Vous le comptez, ce Chef, avec une vraye complaisance, au rang des principaux Bienfaits, que vous tenez des Bontés du Monarque votre Protecteur. Vous aimez à lui prodiguer les Titres littéraires les plus flatteurs, & celui de *nouveau Leibnitz* qui les renferme tous. Vous aimez à retracer les divers genres de Talens où il brille, entre lesquels celui de plaire en instruisant est sans contredit le plus précieux. Ah! si le plus sage & le plus éclairé des Rois, (je ne crains point de répéter cette expression, qui me paroît caractériser le mieux le Prince qui nous gouverne) si ce Monarque judicieux n'eût fait cas que d'une érudition gigantesque; il est, il est partout de ces Savans, rien moins qu'heureusement infatigables, qui croyent qu'enqu'entasser les volumes, comme les Titans les montagnes, c'est s'ouvrir le séjour des Immortels. Hé! quel est le succès de leurs travaux? Possesseurs de quelque Vérité utile,* ils la replongent aussitôt dans un chaos plus impénétrable que celui d'où leurs recherches l'ont tirée. Le Roi, Messieurs, le Roi a voulu que tout le Nord appris de vous à rendre la Science aimable. Secondez cette glorieuse entreprise. Marchez sur les traces du Savant aimable, qu'un

*Je suis si éloigné de prendre ceci trop en général, que n'y eût-il que le grand Leibnitz seul, pour qui ma haute estime est bien connue, je tiens que ce seroit une bonne preuve qu'on peut allier tous les Agrémens & tout le Génie possible à une laborieuse Erudition. Quant aux applications particulieres, dont il m'est revenu qu'on avoit empoisonné ce que je dis ici, je déclare que je les désavoue, & que c'est ce qui contribua beaucoup à me faire supprimer ce Discours dans le tems: Délicatesse qui semble avoir eu des Suites assez étranges.

Roi, Savant aimable lui-même, vous propose pour Modele.

Je sens, Messieurs, qu'un peu d'ardeur vient de me faire franchir les bornes où me retenoit ma timidité. Je n'osois louer : je m'ingere à des Exhortations dont vous n'avez aucun besoin. Votre propre Goût si sûr & si décidé ; la Constitution de votre Corps qui unit les Sciences aux Belles-Lettres pour tempérer les unes par les autres ; votre Fidélité à vous conformer aux Intentions du Maître ; votre Amour pour un Chef, dont l'Humanité, la Probité, la Candeur, vous gagnent, vous attirent à lui, en même tems que son Génie & sa Vigilance vous procurent toutes sortes d'encouragemens : autant de Voix puissantes qui vous animent dans la Carriere où vous courez.

Quelle Carriere ! . . . c'est celle de tous les Talens ? Je vois ici d'exacts & curieux Observateurs de la Nature ;

de

de sublimes Géometres; des Métaphysiciens profonds; des Ecrivains polis & élégans: & votre Liste remplie de Noms illustres, en présente un bien plus grand nombre. Sous les quatres Classes générales que je viens de désigner, vous embrassez tout, Messieurs: Physique; Anatomie; Chymie; Botanique; Mécanique; Astronomie; & toutes les parties fondamentales des Mathématiques, & toutes leurs parties les plus transcendantes; celles de la Philosophie; la Morale qui en est le seul vrai but; la Logique, cette Ariadne dont le fil nous guide dans le Labyrinthe immense des Opinions & des Raisonnemens qui les appuyent; la Métaphysique, Flambeau si utile, que dis-je? Flambeau si nécessaire, *& qu'une indiscrette Méfiance, voisine du Sentiment de l'Erreur, n'avoit encore confié à aucune Société savante;* * enfin, Recherches

---

* Une *Méfiance* est *indiscrette*, quand elle trahit elle-même sa cause en se découvrant. Elle

ches d'Antiquités; Discussions des Faits; Etudes des Langues; Littérature proprement ainsi appellée; Eloquence & Poësie même.... Aucune Branche du Savoir humain, aucun Genre n'est étrangèr parmi vous. Tel on voit avec admiration un bel Arbre, qu'une main habile a enrichi, par le miracle de la greffe, de Fruits d'especes différentes! Mais les Fruits de cet Arbre ne se perfectionnent point les uns les autres pour être nés ensemble sur une même tige: au lieu que de l'association des différens Genres & des Talens divers, qui forment & distinguent cette Académie, il résulte cet avantage, que les Goûts se communi-

est *voisine du Sentiment de l'Erreur*, quand elle redoute l'Examen. Point de plus grande marque qu'on n'est pas trop sûr des premiers Principes, que l'éloignement, qu'on a eu partout, d'y fixer les regards d'une Compagnie de Philosophes. Il n'y a que l'Académie de Berlin, qui par sa Classe de *Philosophie spéculative*, ou de *Métaphysique*, embrasse un si grand Objet.

muniquent de proche en proche; qu'ils se mêlent & s'unissent à se trouver les uns à côté des autres; qu'ils s'unissent, quelqu'opposée qu'en soit la nature; & qu'enfin, si d'une part les Fruits de l'Homme de lettres ne peuvent qu'y acquérir des Sucs plus nourrissans, de l'autre, (ce qui n'est pas d'une moindre conséquence,) ceux du Savant doivent s'y défaire, peu-à-peu, d'une Apreté qui en rend l'usage désagréable.

Pour moi, Messieurs, qui ai le Bonheur aujourd'hui d'être enté sur cette Tige féconde, quels changemens heureux j'envisage comme un effet infaillible de votre Commerce & des Secours que je puiserai parmi vous! Lisez dans mes yeux, dans ma personne, dans un silence plus énergique que mes paroles, l'Hommage de ma profonde Reconnoissance.

[*Après*

[*Après une Pause assez considerable pour faire croire que le Discours est effectivement achevé.*]

De grace encore un instant, Messieurs. . . . La vûe de notre illustre Président, sur qui mes regards viennent si naturellement de se porter; cette vûe fait naître une Emotion en moi qu'il ne m'est pas possible de contenir. . . . Il part, Messieurs, & nous allons pendant près d'une année être privés de sa présence. Il part, & me laisse le dernier que son Choix & son Adoption ayent amené parmi vous. Souffrez que mon cœur en cette rencontre déploye des Sentimens qui ne peuvent être éloignés des vôtres.

Allez, Monsieur, allez vous remontrer à votre Patrie, qui est aussi la mienne. La difference des Villes & des Provinces n'en est point une pour nous; les François sont tous Concitoyens. Allez remontrer à notre commune Patrie ces Talens, ces Agrémens qu'elle a

vû

vû naître, & qu'elle fait si bien goûter. Comment ne les goûteroit-elle point? Les froides Contrées voisines du Pole y ont paru sensibles, & leur ont fait l'accueil qu'ils méritoient. Allez reprendre dans le sein de cette chere Patrie une santé précieuse, à laquelle des travaux entrepris pour sa Gloire, pour l'Avancement des Sciences, & pour le Bien de l'Univers n'ont porté que trop d'atteinte. Mes Vœux les plus tendres vous accompagnent. Revenez avec des forces nouvelles, qui nous donnent l'assurance de vous posséder aussi lontems que nous le desirons. Hélas! il n'y a que peu de mois que je jouis de cet avantage comme Habitant de Berlin, & huit jours comme Membre du Corps dont vous êtes Chef. Il n'en falloit pas tant, pour graver plus avant dans mon ame, & l'admiration, & l'amour, qu'inspire la lecture de vos Ecrits. Absent, vous me serez présent. L'Espoir de votre Approbation n'aiguil-

lonnera

lonnera pas moins mon Courage. Non: je ne cesserai point, Monsieur, d'être sous vos yeux. Point de Devoirs, point de Soins plus pressans que de vous préparer cette Satisfaction, à votre retour, que vous me trouviez plus digne de votre Estime, & de celle de ces Messieurs, qui m'ont fait la grace de me recevoir parmi eux sous vos Auspices. *

* L'Indisposition de M. de Maupertuis ayant augmenté, au point, non seulement de l'empêcher de venir faire ce jour-là ses adieux à l'Académie, comme il le comptoit, mais de le contraindre même d'abandonner le projet de son Voyage, qui n'eut lieu que l'année d'après; ce Morceau ne fut point lû. J'ai crû cependant à propos de le conserver; comme aussi de ne faire aucun changement à tout le Discours.

CONSIDERATIONS
PARTICULIERES
sur le Néant de ce que l'on appelle
GLOIRE ET IMMORTALITÉ.*

On ne doit point craindre de trouver ici aucun des Lieux-communs, ordinaires sur le Sujet que j'annonce : je m'engage à les écarter avec grand soin. Combien il est extravagant de se tourmenter, ou même de se réjouir, pour une Réputation qu'on ne sera pas en état de goûter en cas qu'on l'obtienne ; on l'a montré des millions de fois ; & il ne seroit pas possible de rien ajoûter de neuf, ni pour le fond ni

---

* Cette Piece & les deux suivantes n'en font qu'une à proprement parler. Celle-ci est le Préliminaire : la seconde sous ce titre, *De la Durée des Réputations*, traite le fond du Sujet ; & la derniere tire les Conséquences. L'on verra quelle a été l'occasion de ce partage.

ni pour la forme, à ce qui s'est dit là-dessus dans tous les tems. L'Homme vain, (Homme de lettres ou Héros: la dignité est égale dans le Monde chimérique dont nous parlons, de même que la vanité en celui-ci;) l'Homme vain répond que son Existence, ou plûtôt, le souvenir qui se conservera de son Existence, à deux ou trois mille ans d'ici, & la figure que fera son Nom dans l'empire de la Renommée, ne sont point choses indifférentes, parce qu'il en jouit dès à présent. Il en jouit: c'est un Plaisir réel; on ne sauroit, dit-il, le lui contester. On le presse dans ce retranchement. Les Raisons ne manquent pas, pour lui faire voir la futilité de ce Plaisir en soi, & comparé avec ce qu'il coûte. Mais, en fait de Plaisir, tout dépend du taux qu'on y met; & la Passion le met excessif à ce qui la flatte. Voilà pourquoi vous argumenterez envain contre l'Avare, le Joueur, le Débauché. Pour ôter à un

Hom-

Homme un Plaisir que vous jugez petit & misérable, il faut lui en ôter l'objet; son Argent, ses Cartes, ses Maîtresses, comme à l'Enfant le jouet qui l'occupe. C'est ce que je veux faire à l'Homme entêté du desir d'une longue Mémoire, en lui montrant „qu'il n'y a personne „dorénavant, quelque mérite qu'il ait, „qui puisse compter sur une Réputa- „tion durable & fort étendue; même à „l'aide des Ouvrages d'esprit, qu'on re- „garde comme la voie la plus sûre de „l'Immortalité: *Monumentum ære pe-* „*rennius.* „

C'est peut-être tenter de guérir le Fou d'Athenes, ou celui d'Argos, & des milliers de pareils Foux. Il y auroit de la cruauté & même du risque. Vous m'avez ravi mon Bien, crioit le premier à ceux qui avoient procuré sa guérison. Vous m'avez perdu en m'enlevant mes Plaisirs, ces doux Concerts qui charmoient mon oreille, crioit le second.

C 2 Non;

Non; à parler franchement, je n'entreprens point des Malades de cette espece; j'apprehenderois trop de réussir. Je ne veux que convaincre d'une chose : c'est que je n'ai point leur Mal. J'intitule ces Considérations *particulieres*, parce que je les restrains à un seul Point de vue, borné à mon usage; savoir de développer, & de constater encore mieux que je n'ai fait, mes Dispositions dans la publication de mes Ecrits.

Qu'on me taxe de la vanité ordinaire d'Auteur, d'aimer mes Productions; je ne m'en défens pas : elles me coûtent assez pour les aimer. Il suffit de cet aveu, que quelque prix qu'elles eussent, elles n'approcheroient pas de valoir ce qu'elles me coûtent. Les langueurs que termine un douloureux Enfantement, qui bientôt fait place aux soins & aux attentions sans nombre d'une sévere Education; ce n'en est que la juste Image. Des peines si excessives pouroient peut-être

être me donner lieu de croire mes Ouvrages moins imparfaits. Elles peuvent aussi m'aveugler sur leurs défauts; comme une tendre Mere s'aveugle sur ceux du Fruit qu'elle a porté dans son sein; allaité elle-même, soigné, formé du mieux qu'il lui a été possible. Quoiqu'avec cela je sois toûjours fort loin de me satisfaire sur ce que j'écris, il est vrai pourtant que je ne penserois pas à le produire aux yeux du Public, si je ne croyois l'avoir mis au point de le mériter. C'est le cas de tous les Auteurs. Mais ce qui n'est pas le cas de tous les Auteurs, c'est ce que je proteste avec une égale sincérité, qu'assurément la Folie de la Gloire n'est point la mienne.

Je ne dissimule point qu'on m'en accuse; & je ne dissimulerai point non plus que je dédaignerois de m'en purger, si le genre de mes Productions ne l'exigeoit.

Que ce soit Intérêt, Ambition, ou vaine Gloire, qui conduise la plume d'un Auteur, dans la plûpart des genres d'écrire le Motif n'est pas indifférent. Le vil Intérêt ne cherchera qu'à multiplier les Volumes, soigneux de ne mettre qu'autant de perfection qu'il en faut pour le Débit, & se gardant bien d'y mettre cette perfection qui prend trop de tems, & nuit même au Débit, en diminuant le nombre des Lecteurs. L'Ambitieux mesurera son vol: il songera à se distinguer; mais à ne se distinguer que de façon à ne point trop exciter de jalousie, principalement s'il a de puissans Rivaux: autant de mérite perdu pour ses Ouvrages. La vaine Gloire, toute vaine qu'elle est, aura l'avantage de produire des Chefs-d'œuvres en tous genres, si le Génie y est joint. Mais dans le genre des Spéculations philosophiques ce n'est pas la même chose. Un de ces Vices est aussi contraire qu'aucun

des

des deux autres au Succès qu'on se propose, parce qu'il l'est autant au sincere amour de la Vérité.

Un Philosophe, livré à l'Intérêt, ne débitera que des Opinions vulgairement scientifiques. Sa Doctrine de nature mixte & amphibie, ou ménagera les principes de la Multitude, ou ne les combattra que de la maniere dont la Multitude souffre qu'on les combatte. Un esclave de l'Ambition ne suivra que les vûes des Grands. Guides encore plus mauvais que le Peuple à cet égard! Guides plus dangereux! Car la Multitude au moins se plaît à une certaine rigidité de Morale, qui semble la remettre au niveau des Grands; & dont ceux-ci voudroient pour cela même voir l'entiere Destruction, pour être libres d'un joug fâcheux, ... d'un joug qu'ils ont de commun avec le vil Peuple. Celui que la vaine Gloire anime, recherchera plus le Singulier que le Vrai. Disposition très pernicieuſe! Les premiers accréditeront des Erreurs anciennes. Ses ſoins, à lui, ſes profondes méditations, n'aboutiront qu'à en imaginer de nouvelles; de nouveaux Syſtèmes; de nouveaux Monſtres. Ah! l'un vaut l'autre, ſi même ce dernier Travers n'eſt le pire.

Si je puis prouver, mais prouver mieux qu'en le jurant bien fort, que ce n'eſt pas plus là le Mal qui me tient, que l'Intérêt ni l'Ambition, je le dois ſans doute. Que peut deſirer un Lecteur ſenſé qui daigne ouvrir un livre de Philoſophie? De trouver un Auteur qui aime, & n'aime que la Vérité: qui ne coure point après le Singulier, mais n'évite pas non plus ce qui peut paroître Singulier par la ſeule raiſon qu'il le peut paroître: qui ne s'en laiſſe point impoſer par le Peuple; ni par le Peuple qui s'avoue peuple, & qui eſt fort de ſon nombre; ni par le Peuple qui ne ſe croit pas

pas peuple, & qui est fort de son autorité & de son crédit: que cependant on soit prêt à reconnoître dans les Opinions les plus populaires ce qu'il y a de fondé, & qu'on l'adopte avec candeur: qu'on soit prêt à dévorer, Railleries, Mépris, de la part de ceux qui donnent le ton, si la Vérité demande qu'on s'y expose. Et où n'expose-t-elle point à cette sorte de Martyre? L'Homme vain, l'Homme à grandes idées de Gloire & de Réputation, ne sera pas plus le Philosophe que souhaite le Lecteur sensé que l'Homme aux vûes intéressées ou ambitieuses.

Voué à l'ingrat métier d'Homme qui pense, & fesant profession de sacrifier tout à la Liberté de dire, à-peu-près au moins, ce que je pense: le moyen, on en convient, de me supposer de ces vûes intéressées ou ambitieuses? Nul Savoir-faire! Nulle Adresse! Pis que cela; choquant, rebutant, même par

ce

ce qui devroit me concilier, ou l'Estime, ou quelque sorte de Bienveillance. Exempt de malignité, envain je me permets peu de blâmer: envain même je fais louer ce que je crois louable. Incapable d'applaudir à ce que je n'approuve point, j'ai le malheur par là que mon Silence seul est souvent une Censure, & une Censure qu'on me pardonne d'autant moins, qu'on me connoît plus disposé à louer avec chaleur ce que j'approuverois. J'ai vû mon Silence offenser plus que la Satyre de bien d'autres. Ce Caractere soutenu depuis ma plus tendre Jeunesse, & qui a tant influé sur les traverses dont ma vie est pleine; (sans ce qu'il y ajoûtera, si je ne suis trompé dans mon attente;) ce Caractere, dis-je, m'éloigne trop de la classe des Simonides avides de gain, & de celle des Aristippes avides de la faveur des Grands.

Reste

Reste, reste donc, la manie d'un Empédocle, les idées de folle Gloire. On a peine à s'ôter de l'esprit, que je sois dominé du desir de me faire un Nom. Il est vrai que c'est un peu tard; & l'on sait à n'en pouvoir douter qu'il n'eût tenu qu'à moi de frapper les premiers coups, il y a dix-sept à dix-huit ans. J'ai été de fort bonne heure en passe de me produire, & ne l'ai point fait. Les Obstacles qui m'ont arrêté depuis, surtout ces deux ou trois dernieres années n'ont pas été si considérables que je ne les eusse bien vaincus si j'eusse voulu. Il s'est présenté plus d'une occasion d'en triompher avec éclat, sans que j'en aye saisi aucune. Aujourd'hui même encore; mes Amis ne l'ignorent pas, & la suite de mes Ouvrages en convaincra; il ne tiendroit qu'à moi de frapper tel coup, dont le bruit seroit capable de satisfaire quelqu'un, qui ne voudroit que faire du bruit. Mais il y a lontems que j'ai pris

le

& vos Grands, & cet Auditoire transporté, me contenterois-je d'un Siecle ? L'Immortalité ! Que l'Univers écroulant s'entretienne encore de moi ! Je ne me satisfais pas à moins.

Je crois qu'il n'y a point de Fanatique de Gloire, s'il veut s'étudier, qui sérieusement ne se reconnoisse dans le cas. Un Homme sans lettres regarde un Siecle ou deux comme une véritable Immortalité, parceque sa vûe ne s'étend pas plus loin. L'Homme de Lettres articule une Immortalité réelle. Si pourtant il fait réflexion sur les changemens physiques, & politiques, que notre Globe ne peut manquer d'essuyer dans un espace de tems considérable, il sent la nécessité de se borner. Il n'envisage plus qu'une suite de Siecles indéfinie. A vûe de pays il croit bien, par exemple, qu'on peut compter sur trois ou quatre mille ans. C'est bien peu ; mais que faire ? Si on l'assuroit qu'il s'en fau-

faudra beaucoup que son Nom aille jusques-là, & que deux ou trois Siecles seront tout le dédomagement de cinquante Années de travaux, qu'il aura passées, ignoré, méprisé, traversé, persécuté; imagine-t-on qu'il lui restât un goût fort vif pour une Réputation si peu durable, & qui lui coûteroit si cher?

C'est dans l'Opinion, très fondée, où je suis de l'inutilité de nos efforts, (& des miens en particulier,) pour obtenir une Réputation plus durable; que j'établis ma preuve, que ce n'est aucunement-là mon Objet. Un Empédocle, qui pour faire parler de lui se jette dans la fournaise ardente de l'Etna; un Erostrate qui brule le temple de la Diane d'Ephese; & cet autre Fou, qui naissoit le jour que ce dernier s'immortalisoit; Fou, bien plus funeste à l'Asie, qu'il devoit embraser toute entiere! ces Insensés, & leurs Semblables dans l'ancienne

cienne Grece & dans l'ancienne Italie, se sont flattés que leurs Noms voleroient lontems sur les levres des Hommes, & ne se sont point trompés. Leurs Succès nous abusent. Nous nous en promettons de plus grands de la supériorité de notre Siecle, & du secours de l'Art typographique : car c'est sur quoi l'on se fonde. Je pense, moi, qu'avec tout notre mérite, & tous nos secours, nos espérances sont frivoles ; & que quelques soit l'Avantage dont jouit, ou ne jouit point un Erostrate, nous n'en obtiendrons pas à beaucoup près autant que lui. Quelle misere ! Néanmoins c'est la vérité pure.

Un Eclair de Réputation, & un Eclair, *qui hors de notre petit Horizon ne frappe les yeux de personne :** voilà notre partage. C'est de M. de Voltaire que j'emprunte une Expression si énergique. Mais oserai - je le dire ? Pense - t - il,
M. de

* Discours préliminaire *d'Alzire*.

M. de Voltaire, pense-t-il bien ce qu'il exprime si bien? Sait-il que jamais Oracle plus sûr n'est sorti de sa plume? Est-il convaincu de la généralité de l'Oracle? Ou ne s'excepteroit-il point un peu de la loi commune? J'ai peur qu'il n'ait parlé avec plus de franchise, lorsque jouant sur les termes, & se moquant d'un Docteur qui lui veut prouver l'Immortalité de l'Ame: „Vraiment, dit-il, „il me fera plaisir; j'ai tout aussi grande „envie que lui d'être immortel. Je n'ai „fait la Henriade que pour cela. Mais „mon Homme se croit bien plus sûr de „l'Immortalité par ses Argumens, que „moi par ma Henriade."* Ce Docteur auroit tort en ce sens; mais M. de Voltaire n'a point raison. Un Poëte, un simple Bel-Esprit, dans un degré même fort inférieur au sien, peut se bercer de l'idée d'être lû, commenté, traduit, tout au moins autant qu'Homere & Virgile,

Tome I.   D

* Lettre à M. Sgravesende.

gile, immortels, ou pour parler plus juste, qui vivent encore, grace à je ne sais quelle suite de Hazards, autant qu'à leurs sublimes Beautés. Le Philosophe sait qu'il n'en va point de la sorte. Il le sait, d'abord de lui-même, de son genre d'écrire, peu propre pour la Multitude, & qui n'est en aucune proportion pour les Agrémens avec le genre enchanteur de la Poësie. Il le sait aussi, de ce genre enchanteur, & des plus admirables Productions en ce genre; & c'est ce qui le lui fait conclurre des siennes, à bien plus forte raison. Boileau, Corneille, Racine, Moliere, la Fontaine, ont dix mille, & trente mille fois plus de Lecteurs peut-être, que Descartes ni Malebranche; sans compter que le Credit de ces Philosophes baisse, & que leur Réputation tombe, tandis que celle de ces Poëtes se soutient. Le Philosophe sait que tel sera lontems le destin de ses Pareils de ne

servir

servir que d'échelons, ou d'échafaudages, qu'il faut abbattre, à mesure que l'Ouvrage avance. Et ce Point de vue peu flatteur n'a rien qui le décourage; il consent à n'être qu'échelon, échafaud, tout ce que l'on voudra, pourvû qu'il soit utile. Il voit avec indifférence la brillante posture du Poëte. Il convient que si de nos jours quelqu'un pouvoit beaucoup plus que nos Descartes & nos Malebranches, aspirer à une Réputation durable, ou plus durable que *l'Eclair*, ce seroit assurément un Voltaire sans flatterie.

Mais M. de Voltaire a prononcé son Arrêt comme le nôtre. Il n'en sera rien rabattu: *l'Eclair*. Envain la Gloire d'un Homere ou d'un Virgile offriroit-elle à ses yeux une Perspective capable de piquer son émulation. Je lui soutiens que la fortune prodigieuse de ce Grec & de ce Romain, sans exemple jusqu'aujourd'hui est également sans conséquence; & cela, quand même il s'éleveroit une foule de Génies très supérieurs, ce que je ne crois rien moins qu'un cas métaphysique.

La Piece suivante met cette Vérité dans tout son jour. Heureux ceux pour qui une Vérité de cette nature pouroit être triste! Plus heureux ceux, pour qui elle ne le sera pas, quoiqu'elle pût l'être!

DE LA DURÉE DES RÉPUTATIONS.

DISCOURS.*

Voilà près de deux mille ans que subsiste la Renommée d'un Virgile, d'un Cicéron, d'un Tite-Live; & la Gloire d'un Homere est encore antérieure de huit ou neuf siecles. Ces Anciens, dit-on, ont été modernes; nos Mo-

---

* J'avois destiné ce Discours pour une Assemblée publique de l'Académie, croyant qu'il convient de choisir ces jours-là des Pieces qui présentent un certain Intérêt général, & qui, quoique solides, n'ayent pourtant rien de fort abstrait. De peur d'être trop long, j'ai été contraint d'entrer brusquement en matiere, & de retrancher la Conclusion. La Piece précédente & la suivante y suppléent. On verra que les trois ensemble font un tout qui ne pouvoit mieux trouver sa place qu'à la tête de cet Ouvrage.

Modernes seront un jour anciens. Rien ne paroit plus naturel que cette Conséquence. Mon dessein est d'examiner, Messieurs, si elle est aussi fondée qu'on le croit.

Sans entrer dans la Discussion rebattue du Mérite des uns & des autres, que vous reconnoîtrez bientôt être inutile à mon Sujet; je me borne à montrer deux choses.

En premier lieu, „ que le Mérite des „ Anciens, tout grand, tout incontesta- „ ble qu'il est, a peu contribué à la Du- „ rée de leur Réputation; mais que „ d'autres Causes, à quoi l'on ne pense „ point, en revendiquent la meilleure „ partie. „

En second lieu, „ qu'à Mérite égal, „ & dans la supposition même de la Su- „ périorité des Modernes, dont mon „ goût particulier, je l'avoue, ne m'éloi- „ gneroit pas, ceux-ci ne peuvent se flat-
„ ter

„ ter sans extravagance d'une Réputation „ aussi durable. „

Ce Résultat de mes recherches est si opposé au goût dont, à dessein, je viens de faire l'aveu, qu'on ne présumera pas qu'aucune Prévention m'y ait conduit.

PREMIERE PARTIE.
Vrayes Caufes de la longue Durée de la Réputation des Anciens.

On ne fait point attention à une chofe, Meffieurs. C'eft qu'Homere, Virgile, & les autres, tant Grecs que Romains venus jusqu'à nous, outre leur Mérite, ont eu le bonheur de tenir aux deftinées fingulieres de deux grands Empires, auffi bien qu'aux deftinées de la Religion & de la Langue de leur Pays; & qu'il n'a pas fallu moins que l'Etendue & la Durée de ces Empires, de ces Religions & de ces Langues, pour les conferver jusqu'à nos jours; Circonftances très étrangeres à leur Mérite.

Si le petit Pays de la Grece, habité par cent Peuples mal unis, eût fuccombé fous les innombrables armées de Darius & de Xerxès; & qu'il fût demeuré plufieurs fiecles fous la domination des Perfes dont la Religion étoit fi différente;

te ; ſes Dieux, ſes Sciences & ſes Arts auroient péri : Homere avec eux.

Si lorsque les Romains en firent la conquête, ils avoient été plus ou moins barbares; enſorte que comme les Turcs ſortis de la Scythie, ils n'euſſent ſongé qu'à tout détruire; ou bien qu'ils euſſent déjà eu une Langue polie, & des Auteurs originaux formés par la Nature ſeule & le Génie, comme il s'en eſt formé en Grece ou ailleurs; qu'enfin, (ce qui étoit très raiſonnable) on eût crû indigne de la majeſté de l'Empire, d'y ſouffrir d'autre Langue en honneur que celle des Vainqueurs du Monde: que devenoit le divin Homere?

Si Conſtantin mécontent de Rome & des Romains, ne ſe fût aviſé de transporter le Siege de l'Empire dans une Bicoque Grecque ſituée au fond de la Thrace; ſi un Regne auſſi heureux que long n'eût fait réuſſir contre toute apparence une Entrepriſe de cette hardieſſe;

si le nouvel Empire quelquefois rival & quelquefois maître de l'ancien ne se fût soutenu, tandis que l'autre tomboit en ruine; & s'il n'eût eu le bonheur de durer encore près de dix siecles après la chûte du premier: la Langue Grecque auroit-elle continué si lontems à être une Langue vivante? eût-elle atteint jusqu'au retour des Lettres parmi nous? ou l'eût-elle occasionné?

Si, dis-je, les deux Empires fussent tombés en même tems vers la fin du cinquieme siecle; ou même celui d'Orient un peu plus tard sous les coups des Califes ou des Soudans; ou sous les efforts des Ottomans quelques siecles plûtôt qu'il n'a fait; Les savans Grecs qui se réfugierent en Occident, au lieu d'y trouver les esprits disposés à sortir de la Barbarie, n'y rencontrant que confusion, que troubles & que ténebres, que devenoient les Thrésors dont ils étoient dépositaires?

Les

Les Destinées d'Homere tenoient donc incontestablement à celles de son Pays & de sa Langue. J'ai dit aussi qu'elles tenoient à sa Religion, dont il a fixé les fables avec Hésiode & quelques autres. Mais ce qu'il y a de plus admirable en tout ceci, c'est qu'elles tiennent, autant & plus, au Christianisme destructeur de sa Religion; destructeur de ces mêmes Dieux qui lui doivent presque leur être ou leur fortune.

Par quel Hazard, ou par quelle Providence, Messieurs, la plus profane des Langues est-elle devenue une Langue sacrée des Chrétiens? Le Texte original du Nouveau Testament, ou du moins ce qui nous en reste; après cela l'importante Version de l'Ancien, dite des Septante, toûjours citée dans le Nouveau, quelques autres qui se sont conservées & que l'on consulte avec fruit; enfin les Perès Grecs ont rendu l'étude du Grec indispensable à un véritable Théologien.

logien. La Réforme surtout l'a mise en vogue, & l'entretient dans une grande partie de l'Europe. Quel rapport, quelle liaison inattendue de la Littérature Grecque avec tout ce qu'il y a de plus opposé; le Nouveau, l'Ancien Testament? Voilà pourtant ce qui en a le plus répandu le Goût, & ce qui en assure la Durée.

Ainsi, sans ce Grec plat & barbare des Septante; & celui des Apôtres qui ne se sont point piqués, ni n'ont dû se piquer d'Elégance Attique; probablement plus d'Homere ni de Démosthène. Très certainement au moins n'auroient-ils pas la millieme partie de leurs Lecteurs. Remontons. Point de Version des Septante sans l'Hellénisme des Juifs. Point de Juifs Hellénistes sans les Synagogues d'Alexandrie, d'Antioche, &c. Point de pareils Etablissemens sans les Conquêtes d'Alexandre, & les puissantes Monarchies de ses Successeurs. D'ailleurs même,

même, qu'on y prenne garde, sans l'éclat prodigieux, que ces Conquêtes & ces puissantes Monarchies donnerent à la Langue Grecque, qu'elles rendirent une Langue presque universelle, il est fort douteux qu'elle se fût maintenue avec celle des Romains devenus maîtres du Monde. Pour moi je n'en crois rien. Entre les Fatalités sans nombre qui nous ont transmis Homere, il n'y a donc pas jusqu'à la folle ambition du Fils de Philippe, & à ses succès inespérés, qui n'entrent peut-être comme condition essentielle. Ce jeune Témeraire ne se précipite en aucune entreprise hazardeuse; ni ne se trouve en aucun danger, soit lorsqu'il échappe à peine à la fureur de son Pere, soit lorsqu'il pense périr dans les eaux du Cidne, soit lorsqu'il est environné des embuches de Darius; qu'il n'y ait comme à parier que c'en est fait du Chantre d'Ilion, de ses Dieux & de ses Héros.

Venons

Venons à la Littérature Latine.

Etonnante Connexion des choses, plus étrange encore que ce qui précede! Sans Constantin & sa nouvelle Rome, l'Empire Romain n'ayant point été divisé, peut-être auroit-il subsisté plus lontems. Peut-être aussi ne saurions-nous pas même qu'il a existé. Au pied de la lettre c'est cette Division, qui tout en hâtant la chûte de l'Empire, nous en a sauvé la connoissance, avec celle de l'Histoire ancienne. C'est elle qui nous a sauvé les Auteurs Latins, & les Grecs ensuite par leur moyen, & tout le souvenir de l'Antiquité. Il faut prouver ce que j'avance.

La Division de l'Empire a rendu plus réelle celle de l'Eglise en Eglise Grecque & en Eglise Latine, qui n'eût été que nominale. Byzance, sous le nom de Constantinople devenue Siege impérial & patriarchal, affecta, comme l'on sait, la Primauté spirituelle, aussi bien que

que la temporelle fur tout l'Orient; mais elle n'ofa la difputer qu'affez tard à Rome même barbare, qui la gardoit toûjours fur l'Occident en particulier, & prefque fur le Monde Chrétien. Sans l'élévation de l'une & l'abaiffement de l'autre, il eſt clair qu'il n'y eût pas même eût de Rivalité. Or qu'a produit cette Rivalité? le voici. Le Service divin fe fait en Grec dans l'Eglife Grecque, parceque le Grec eſt encore la Langue du Pays: donc il doit fe faire en Latin dans l'Eglife Latine, quoique le Latin ait ceffé d'y être vulgaire. Trente Peuples différens, Gots, Francs, Lombards, Saxons, &c, vont être contraints de prier Dieu en un Jargon qu'ils n'entendent point, & que leurs Prêtres eux-mêmes n'entendoient gueres, s'il ne l'entendoient que comme tel Prêtre, tel Curé fait aujourd'hui. Ce n'eſt pas tout: les plus importantes Affaires vont fe traiter dans cette Langue inconnue & corrompue. Point de Con-

trat

trat, point de Sentence, pas le moindre Acte de Judicature, qui ne soit en cette Langue. Il faudra donc qu'un petit nombre de personnes au moins en soient instruites. Ce reste d'intelligence fera conserver les Manuscrits Latins, en fera même transcrire de nouveaux dans l'oisiveté des Cloîtres. Le Latin deviendra insensiblement la Langue sacrée de l'Europe, avant d'en devenir la Langue savante. Que dis-je? Il en sera la Langue galante.... Dans un siecle, où on laisse à la bassesse des Moines le talent mécanique de lire & d'écrire, dont un honnête Homme rougiroit, les Billets-doux des Amans seront en Latin. On tiendra des *Clercs* à ses gages, pour les écrire, ou pour les interpréter, comme nos Petits-maîtres & nos Petites-maîtresses ont aujourd'hui des *Grisons* pour les porter. La Barbarie se dissipant un peu, l'Etude du Latin deviendra plus recommendable; ce sera le chemin de

la

la Fortune & des Honneurs. Bientôt on recherchera les sources. Virgile, Horace, Cicéron, mutilés, défigurés, en état pourtant d'être restitués à force de travail, sortiront de la poussiere. Mais si l'on fait réflexion au peu d'antiquité de la plûpart des Manuscrits, & au petit nombre de ceux qu'une opinion, même très incertaine, rapporte au moyen Age, on verra qu'il n'a tenu à rien que tout pérît. Infailliblement aucun de ces Auteurs ne subsisteroit, si nos respectables Ayeux avoient eu l'ombre du sens commun: assez, Messieurs, (ce n'est pas beaucoup) pour se faire rendre la Justice, & prier Dieu, dans la Langue qu'ils entendoient.

Ce n'est donc point le Goût, qui a transmis jusqu'à notre siecle tant de Chefs-d'œuvres; c'est la Tournure d'esprit la plus sotte qui fut jamais. Sans l'usage de la Langue Latine, le plus burlesque qu'on pût imaginer, il ne devroit

Tome I.   E   pas

pas nous refter un feuillet d'un feul Auteur Latin; ou ce qui nous en refteroit, devroit nous être auffi inintelligible, que les Vers Puniques de Plaute. Les Infcriptions que le Marbre & le Bronze auroient confervées, devroient être auffi indéchiffrables, que celles qu'on trouve, ou fur les Pyramides d'Egypte, ou dans les Ruines de Perfépolis... Et ils comptoient avec raifon d'être immortels; ces fiers Romains!... Nous; nous avons dans leur exemple un Gage affuré d'un pareil fuccès!

O Gloire des Hommes! Sans doute que fous le voile de ces Hieroglyphes d'Egypte & de Perfépolis, on découvriroit des Actions, & des Maximes, dignes de mémoire. Sans doute qu'il y a eu dans l'ancien Egyptien, dans l'ancien Perfan, dans les Langues, Mede, Affyrienne, & autres, d'excellens Ouvrages, ou des Ouvrages que nous admirerions, bons ou mauvais, s'ils étoient venus jus-

qu'à

qu'à nous. Tout a péri ; ou ce qui subsiste est inutile à la Vanité de ceux qui ont crû vivre par ce moyen. Les Inscriptions ne sont plus entendues : les Livres n'existent plus. Pas un titre de ces Livres ne s'est sauvé ; pas un nom d'Auteurs. Rien ne reste de cette magnifique & fastueuse Bibliotheque, la plus ancienne dont il soit parlé dans l'Histoire, & qu'on appelloit LE TRESOR DES REMEDES DE L'AME. Un puissant Roi d'Egypte que Diodore de Sicile nomme *Osimandyas*, en rassemblant cette Bibliotheque dans un Edifice superbe, orné des Dons les plus précieux, se flattoit bien d'assurer l'Immortalité aux Beaux-Esprits de son siecle, & ceux-ci ne se flattoient pas moins de la lui rendre. Nous voyons la futilité de leurs Espérances. Les noms de ces Beaux-Esprits sont ignorés. Celui du Prince, probablement altéré à n'être plus reconnoissa-
ble,

ble,* n'échappe qu'à la faveur d'un Historien étranger fort poſtérieur, échappé lui-même par hazard à l'injure du Tems qui ne nous a laiſſé que la moindre partie de ſon Ouvrage. **

Le ſort des Langues Egyptienne, Aſſyrienne, Perſane &c, pouvoit & devoit être ſelon toutes les apparences, celui de la Langue Latine; nouvelle Fatalité qui entroit dans la conſervation de la Grecque, & dans celle du divin Homere! Car ſi les Lettres Latines euſſent été entiérement perdues en Occident lors de la priſe de Conſtantinople par les Turcs, on conçoit que les Lettres Grecques n'euſſent pas trouvé plus d'aſyle parmi nous, que chez les Péruviens & les Mexicains. Il leur falloit au moins une lueur de connoiſſances. Quel accueil

---

* On croit que c'eſt le même que Strabon nomme *Imandèz*.

** Des quarante Livres d'Hiſtoire univerſelle que Diodore de Sicile avoit compoſés il n'en reſte que quinze & des Fragmens.

accueil euſſent eu des Manuſcrits Grecs, chez des Peuples où perſonne n'auroit ſeulement eu d'idées de ce qu'ils contenoient? Depuis trois cens ans cette autre branche de la Littérature eût donc péri à ſon tour, le peu qui s'en eſt conſervé au ſein même de la Grece, ne s'y étant conſervé, en partie que par les ſecours des Latins, & en partie par quelque ſorte d'émulation. A ce Fil pendoit toute l'Antiquité! Grandes Actions, & excellens Ouvrages! Dieux, Héros, Monarques, Potentats; Poëtes, Orateurs, Historiens, Philoſophes, Artiſtes; & les Mécenes, & les Auguſtes! Tout eſt à ce Fil; & deſſous, l'Abyme d'un éternel oubli! Fil aſſurément très délié! Un peu plus de barbarie, ou un peu plus de bon ſens dans les Nations qui envahirent l'Empire Romain! Qu'elles n'euſſent eu aucun uſage des Lettres; ou qu'elles n'employaſſent point aux plus importans uſages une Langue éteinte & inconnue! Je

Je vais plus loin; & j'ose dire qu'il étoit possible, & raisonnable même, que les Langues Grecque & Latine subsistassent à cause de leurs usages dans la Religion, & que l'Antiquité Payenne, la belle Antiquité surtout, n'en fût pas moins anéantie.

Les Fables du Paganisme sont aujourd'hui sans conséquence. Ce goût que nous avons pour elles, il faut l'avouer, tout excessif qu'il est, n'a pas le moindre danger. Mais le plaisir que nous y trouvons mis à part, nous devons être équitables, & sentir qu'il n'en étoit pas de même à l'égard des premiers Chrétiens. Plus elles ont de charmes, plus il y avoit de péril. Lorsque l'Idolatrie étoit encore puissante, l'horreur qu'il étoit naturel que ces Fables inspirassent, devoit en ôter le plaisir; ou si elle ne l'ôtoit pas, cela même étoit dangereux. Quand l'Idolatrie fut abbatue, elle ne laissa pas d'infecter les esprits de mille

Super-

Superstitions, dont il reste des traces jusqu'à nos jours. Ces Superstitions devoient exciter le zele des Personnes pieuses. Je ne puis désapprouver le Concile de Cartage, qui interdisoit toute lecture des Auteurs profanes, vers le commencement du cinquieme siecle. Cela me paroît bien plus sensé que les plaintes ameres des Evêques, lorsque quarante ans auparavant l'Empereur Julien fesoit la même défense par des motifs fort différens. Que tous les Pontifes, & tous les Ecclésiastiques, eussent été animés du même esprit que le Pape Grégoire I; & tous les Princes de celui du Califc Omar. Qu'on eût fait main basse constamment, sur des Poëtes remplis de Fictions aussi extravagantes qu'impies; sur des Historiens pleins de faux Prodiges, attribués à de plus fausses Divinités; sur des Philosophes, dont la Morale & les Principes sont, ou trop contraires au Christianisme, ou plus conformes peut-être que la gloire du Chriſtianiſme ne pouvoit paroître le demander; enfin ſur des Orateurs imbus de ces Fictions, de ces Prodiges, & de ces Principes. Il n'y avoit rien qui ne fût dans l'ordre; & c'eſt contre l'ordre, qu'on n'ait point ſévi de façon, qu'il n'en ſoit échappé aucun à la Proſcription univerſelle.

A cette Epoque au moins, fut-ce le mérite connu & ſenti des beautés de ces Auteurs, qui mettant des bornes au zele des Eccléſiaſtiques, nous ſauva quelques Manuſcrits? Je parle du ſiecle où la Langue Latine extrêmement corrompue étoit encore la Langue de l'Italie devenue Chrétienne. Gardons-nous de le croire. Il n'y avoit pas une étincelle de goût pourlors, ni dans l'Egliſe, ni hors de l'Egliſe. Et quant il y en auroit eu pour de belles choſes écrites, je ſuppoſe, Meſſieurs, dans le Langage & ſelon les Idées du tems, il étoit comme impoſ-

impossible qu'il y en eût pour les beautés de Virgile, d'Horace &c, qui ne se présentoient qu'avec un accessoire insoutenable ; liées à des idées tombées dans le dernier décri, & sous l'écorce d'un Langage très suranné.

Suranné ! Qu'ai-je dit ? Je n'y pense pas. Point du tout. C'est ce Langage qui est la belle Latinité ; & celle du tems dont je parle est misérable. Rien qui puisse soutenir la comparaison ; rien que de hideux dans celle-ci. Dans l'autre les Graces d'une éternelle jeunesse....

Ne voudrons-nous jamais voir les choses que de nos yeux ? Ce que l'on appelle Corruption, qui n'est que relatif même dans le Physique, l'est encore plus en fait de Langage qu'on avoue n'être qu'une affaire de convention. Altérez tous les Tours d'une Langue, tous les Genres, tous les Régimes, & jusqu'aux Inflexions des Mots ; il se forme une nouvelle Langue qui peut ne valoir pas moins que l'ancienne, & qui, inférieure ou non, sera le bon Usage dans un siecle & chez un peuple, si la Multitude l'adopte. Le Hollandois est dans ce cas à l'égard de l'Allemand;* & l'Anglois bien davantage. Corruption, tant que l'on voudra; ce n'en sont pas moins des Langues d'aussi bon, & d'aussi bel Usage, que celle dont elles sont une corruption. Or il y a bien des Nuances sur le passage. Seroit-on assez inconséquent pour s'imaginer que ce qui est vrai des Nuances extrêmes, ne le soit pas de celles qui sont un peu plus voisines? La Latinité du

---

* Il seroit inutile de prétendre, qu'au contraire c'est l'Allemand qui est une corruption du Hollandois; encore moins de discuter laquelle des deux Langues est plus conforme au Celtique ou à l'ancien Teuton. Il suffit que pour une oreille Allemande le Hollandois ne paroisse qu'une corruption de l'Allemand. Libre à une oreille Hollandoise de ne considérer l'Allemand que comme une corruption du Hollandois. Cela n'en prouve que mieux ce que je veux prouver.

du tems d'Auguste est la belle Latinité, si par belle Latinité on veut entendre celle du tems d'Auguste. Je ne dispute point là-dessus: mais je soutiens que la basse Latinité étoit une aussi bonne Langue en soi, & pouvoit être aussi-bien le Langage de gens d'esprit & de jugement, que celle du tems d'Auguste. Ils n'avoient qu'à naître, ou se former, ces gens d'esprit & de jugement. Ils pouvoient, guidés par la seule Nature, nous laisser en cette Langue des Histoires plus judicieuses que celles de Tite-Live, des Harangues aussi éloquentes, & plus sublimes peut-être, que celles de Cicéron, & des Poësies où ce n'eût pas été un petit mérite, d'être débarassé de cet absurde & impertinent fatras de Mythologie. Fatras qui ne rit tant à notre Imagination, que parce que nous avons l'Imagination gâtée! Car, quoique j'aie le malheur, moi qui parle, d'en sentir le charme autant que qui que

ce

ce soit, je n'ai pas celui, je le dis hautement, de croire ce charme fort légitime.

Mettons-nous donc au vrai Point de vûe; & raisonnons. Il y a sans doute dans ces Auteurs si vantés des Beautés infinies: il faut même qu'elles soyent bien grandes, pour séduire encore, au milieu des Travers & des Puérilités sans nombre dont elles sont accompagnées. Avouons que sans une tournure d'esprit indéfinissable il ne seroit pas possible de les goûter, & qu'il se peut qu'un excellent esprit n'ait point cette tournure. Dans un siecle surtout, où les impressions de mépris, de haine, d'horreur, causées par les Idées Payennes aux premiers Chrétiens étoient récentes, une pareille tournure d'esprit n'étoit pas seulement indéfinissable; elle étoit monstrueuse. C'est bien pis, si, comme je le remarque, la Langue, où sont rendues ces Beautés ainsi mélangées, se

trouve

trouve elle-même dans un état équivoque, très défavantageux, & pour elles, & pour les chofes qui lui font confiées. Ce n'eft point une Langue favante, ni une Langue ancienne, ni une Langue abfolument éteinte; c'eft une Langue vieillie. L'Ufage actuel du Langage eft toûjours le bon pour ceux qui le fuivent; celui qui eft paffé, révolte & dégoûte. Penfons comment nous fommes affectés de quelques tours vieux, ou de quelques expreffions furannées, de Corneille ou de Malherbe. Telle Phrafiologie qui nous fait mal au cœur, ne choqueroit point un Etranger qui n'auroit appris notre Langue que dans les livres, & fera regle un jour, par cela même qu'on la citera de Corneille ou de Malherbe, fi notre Langue devient une Langue favante. Mais autant l'état de Langue ancienne devenue favante a de Privileges, autant celui de Langue vieillie a d'Inconvéniens. Il y a eu tel tems où
l'on

l'on devoit être affecté du Latin de Virgile, comme nous le sommes du François de Corneille; un autre, comme de celui de Ronsard; un autre, comme de celui de Jean de Mehun: tous Auteurs qui ont eu dans leur siecle la plus haute Réputation. Plaçons-nous au dernier période, au tems critique: supposons-nous un peu de jugement: ouvrons Virgile; & n'oublions pas combien il paroît insipide de nos jours, aux Personnes sans études, mais sensées, qui le lisent dans une traduction. Sous cet aspect, d'Ouvrage écrit en un jargon rebutant, d'Ouvrage difficile à entendre, & qui n'offre, quand on le débrouille, que rêveries & impiétés, (pour ce qui est des Beautés réelles, nous ne pouvons point percer jusques-là; nous ne les démêlons point; nous n'y en soupçonnons point;) je demande, Messieurs; quelle grace ferons-nous à cette Rapsodie? Oh! c'est Virgile; le titre le porte; Virgile, les déli-

délices du Siecle d'Auguste, & presque l'objet du culte des Siecles suivans! Quoi? de ces Siecles imbécilles & barbares, où l'on adoroit le bois, & où l'on égorgeoit ceux qui vouloient ouvrir les yeux des Hommes sur tant de folies! S'il a pû sortir quelque chose de judicieux de ces Siecles-là, ce n'est apparemment pas cet Ouvrage-ci, avec cette tracassiere Junon, cet Eole, ce Neptune, honorés du nom de Divinités. . . . Au feu!

Aussi brula-t-on beaucoup: mais on ne brula pas tout ce qui devoit l'être, puisqu'il est resté quelque chose. Relâchement de la sévérité Chrétienne; corruption des Mœurs; indifférence pour la Religion; obstination contre les Défenses; aveugle Curiosité; fantaisies d'Antiquaires; sotte estime pour des Parchemins usés; vieux respect pour le nom Romain, qui ne laissoit pas de régner sur les Peuples-mêmes qui l'a-
voient

voient détruit; & quelques hazards aussi sans doute: voilà ce qui fit épargner, ou ce qui sauva, un très petit nombre de Manuscrits. Du Goût! Je veux dire un Goût solide & éclairé. Rien moins que cela; mais un très méchant Goût. Ce Goût, que nous voyons en quantité de gens foux de vieux Langage; entêtés de Régnier, de Marot, de Rabelais, &c: j'ai presque dit de Montaigne. Ce Goût que Perse reprochoit aux Petits-maîtres, de même qu'aux Barbons de son tems, qui affectoient de faire leurs délices d'un Pacuvius, ou d'un Accius, tout *rabougris de vieillesse*, selon l'idée qu'il nous en donne.* Ce Goût dont Horace se plaignoit, au beau Siecle même d'Auguste, où le gros des Romains ne trouvoit rien de comparable aux Vers Saliens de Numa, & aux anciens Livres des Pontifes, que personne n'entendoit plus. ** Encore étoit-

---

* Satyre I. vers 16 & suivans.
** Epitre I. Liv. 2. v. 23 & 86.

étoit-il moins déraisonnable aux Romains du tems d'Auguste, de s'occuper à déchiffrer des Livres qui contenoient le fond de leurs Cérémonies & de leurs Coûtumes, qu'à ceux des derniers âges de respecter ce que leur Religion ne leur devoit faire envisager qu'avec un souverain mépris. Néanmoins c'est à cette misérable espece de Goût, qu'est dû plus d'un Chef-d'œuvre, qui eût été, ou négligé, ou proscrit sans ce secours. Du véritable Goût! S'il en est une ombre, en tant de Commentateurs, & de Glossateurs, & de Traducteurs, ornemens des siecles qui ont suivi ce que nous nommons la Renaissance des Arts; ou si ce n'est pas au contraire en tous la plus grande pesanteur d'esprit, l'intelligence la plus crasse, jointes à une admiration stupide; Caracteres les plus éloignés du Goût; il y en aura eu dans ces tems de confusion & de grossiéreté, qui nous ont transmis, ou plûtôt, qui ont laissé passer jusqu'à nous les bons Auteurs.

Enfin ils ont passé ! Ils ont atteint cette Renaissance des Arts ; & l'invention de l'Imprimerie que le hazard amène à cette Epoque, ayant répandu leurs Ouvrages incomparablement plus qu'ils ne l'avoient jamais été, semble leur assurer une vie durable, après un long sommeil voisin de la mort. Mais à combien peu il a tenu, Messieurs, qu'ils ne périssent, à l'Epoque-même de cette nouvelle Naissance. La Révolution qui l'occasionna pouvoit tout perdre. Que les Turcs, Destructeurs des Empires de Constantinople & de Trébisonde, fussent descendus en Italie sur les pas des savans Grecs qui vinrent s'y réfugier. Ils y portoient leur Ignorance profonde, plus infailliblement que ceux-ci une foible lueur de Savoir. La Désolation & la Terreur marchoient devant eux, sans que l'approche du plus affreux péril qui

pût

pût menacer la Chrétienneté remplie de troubles, & déchirées par d'éternelles divisions, fût capable de mettre fin à ſes Guerres inteſtines. Pour faire ſubir au triſte Occident le ſort de l'Orient, on convient qu'il ne leur a manqué que de ſaiſir l'occaſion avec un peu plus d'ardeur.* Bientôt l'Europe entiere ſe voyoit en proye à un Peuple barbare; Ennemi plus opiniâtre des Sciences, que ceux qui l'inonderent ſous les Succeſſeurs de Théodoſe. Cette Haine eſt ſyſtème, & principe de Religion chez les Turcs; & certainement on ne les eût point vûs

em-

* Il leur étoit certainement ſans comparaiſon plus facile de conquérir pourlors l'Italie, diviſée entre pluſieurs petits Princes ennemis, & dont de plus grands ſe diſputoient la poſſeſſion, qu'il ne leur a été facile de conquérir l'Egypte réunie ſous un Souverain, & de ſe rendre la Côte d'Afrique tributaire. Or conquérir l'Italie, c'étoit étouffer les Lettres dans leur berceau.

embrasser la Religion, le Culte, les Mœurs, des Nations conquises, & jusqu'à l'usage de leur Langue pour prier Dieu. A bien des égards, pour l'éloignement de l'Idolatrie, & la juste idée d'un seul Dieu, le Mahométisme avoit trop d'avantages sur le Christianisme corrompu de ces tems-là, au lieu que le Paganisme grossier des Peuples du Nord avoit pû céder sans peine à un Christianisme moins éloigné de la Pureté Apostolique. Nos Superstitions, plus caractérisées que celles des Grecs, quoiqu'au fond les mêmes, eussent enflammé le zele des Musulmans. Dans l'asservissement cruel où nous aurions gémi, c'en étoit fait de tout progrès de l'esprit & de toute culture des sciences. Les livres bien loin de se multiplier, auroient disparu en peu de tems. Ainsi la Littérature tenoit encore par cet endroit aux Destinées de la Religion! Et pour comble de prodige, elle y tient de nouveau par

par la Réforme qui vient enfuite, qui a fait naître une finguliere émulation de favoir entre les Sectes, par où il fe trouve qu'elle n'a pas donné plus de Lecteurs au Texte facré lui-même, qu'aux Auteurs très profanes de la Grece & de l'Italie.

Ce Point de vûe faifi, Meffieurs; paffons à ce qui nous concerne. Nous; ou nos illuftres Modernes, rivaux du Mérite & de la Réputation des Anciens.

SECONDE PARTIE.

Obstacles qui doivent empêcher que la Réputation des Modernes ne soit durable.

Nous venons de voir à quelle suite de Fatalités étranges étoit attachée, Messieurs, cette Vie, cette Immortalité de Réputation & de Gloire, dont jouit un nombre de beaux Génies de l'Antiquité. La foule d'Ecrivains assez médiocres qui les accompagnent, & à qui il a été donné de se sauver du naufrage aussi bien qu'à eux; la multitude infiniment plus grande de ceux qui ont péri, entre lesquels on ne peut douter qu'il n'y en eût beaucoup de fort supérieurs à ces derniers; enfin la perte de la meilleure partie d'eux-mêmes, soufferte par plusieurs d'entre les excellens, qui sembloient devoir intéresser davantage, tels qu'un Tite-Live, un Tacite, Historiens
qui

qui dans un certain période de tems ont dû être à la portée de plus de Lecteurs que les Poëtes: tout cela montre, qu'un Hazard aveugle a eu plus de part que la confidération du Mérite, au bonheur d'être confervés.* Il n'y auroit rien là qui pût flatter la vanité de ceux qui ont obtenu cette Diftinction. Mais, il y a bien matiere à réfléchir pour nous, fi nous voulons.... Ah! beaucoup! Tant s'en faut que la brillante Deftinée d'au-

cun

---

* Le Sort fingulier d'un Traité *de la Gloire*, que Cicéron avoit compofé en deux livres, & envoyé à Atticus l'année qui précéda celle de fa mort, eft tout-à-fait digne de remarque. „ Ce Traité s'étoit confervé jusqu'à l'in-
„ vention de l'Imprimerie, mais faute d'a-
„ voir été imprimé il s'eft malheureufement
„ perdu. Raimundus Superantius en fit
„ préfent à Pétrarque, qui fuivant le récit
„ qu'il en fait, le donna à un Maître d'Eco-
„ le, fi pauvre, qu'il le mit en gage dans
„ quelques mains inconnues où il fe perdit.
„ Cependant il paroît qu'environ deux cens

cun des anciens Auteurs nous ouvre une Perspective pour nous-mêmes dans l'avenir! Tant s'en faut, qu'il puisse monter au cœur de qui que ce soit parmi nous, quelque Mérite qu'il ait, que ses Ouvrages, quelqu'admirables qu'ils soient, doivent parvenir, je ne dis pas à l'Immortalité; mais jusqu'à une Postérité assez reculée! Nous nous convaincrons, qu'il n'y a pas de pensée, Messieurs, plus dépourvue d'apparence, ni plus extravagante.

D'a-

„ ans après, ou le même Manuscrit, ou un
„ autre, étoit dans la Bibliotheque de Ber-
„ nard Justiniani, parce qu'il étoit nommé
„ dans le Catalogue de ses Livres. Bernard
„ Justiniani légua sa Bibliothéque à un Mo-
„ nastere de Filles: mais comme le Traité
„ *de la Gloire* ne s'y est point trouvé, on
„ est généralement persuadé qu'Alcyonius,
„ Médecin de ce Monastere, le déroba, &
„ qu'après l'avoir fondu dans un de ses Ou-
„ vrages il brula le Manuscrit.„ *Histoire de Cicéron tirée de ses Ecrits &c. Tom. III. pag. 484.*

D'abord, c'est que nous venons trop tard. Le tems des grandes Réputations est passé, de même que celui de ces grandes Fortunes qu'on fesoit aux Indes. Il n'est tel que de paroître à tems; & par malheur nous venons lorsqu'il n'est plus tems. Non que je croye avec de nouveaux Prophetes de Suisse le Monde fort prêt de sa fin. S'il ne tenoit qu'à cela, je compte qu'il y a de l'étoffe. Mais il n'y en a plus gueres, d'étoffe, dans le Souvenir des hommes. C'est là que les places sont prises.... On nous les cédera. „ La Terre, a-t-on „ dit,* ressemble à des tablettes où cha- „ cun a droit d'écrire son Nom. Quand „ les tablettes sont pleines, il faut bien „ effacer les Noms qui y sont déja, pour „ y en mettre d'autres. Si tous les Mo- „ numens des Anciens subsistoient, les „ Modernes n'auroient plus où placer les „ leurs. „ Vous avez raison: cela est exac-
tement.

* *Dialogues des Morts* de M. de Fontenelle.

tement vrai des Monumens, tels qu'Empires, Cités, Edifices, Statues & autres Caracteres de cette sorte, que la Vanité trace sur la grande tablette de la Terre. Les vieux Caracteres s'effacent & font place à d'autres; ce qui n'est déjà pas fort réjouissant pour la Vanité, puisque si nous effaçons des Noms, d'autres effaceront les nôtres. On prétendra qu'il n'en est pas de même des Ouvrages d'esprit: qu'on s'empresse peu à relever les Arcs de triomphe d'un ancien Héros, au lieu qu'on redonne des milliers de fois l'existence à un bon Livre d'un ancien Auteur. J'ai refuté ce préjugé. Ni Monumens, ni Livres n'existent, des Assyriens, Babyloniens, Medes, Perses, Cartaginois &c. Plusieurs Monumens des Egyptiens subsistent; & leurs Livres ont péri. Si le contraire est arrivé aux Grecs, dont il reste assez peu de Monumens & beaucoup de Livres; & aux Romains dont il y a tout à la fois, & Livres, &

Monu-

Monumens; c'eſt par une ſuite de Fatalités ſi étranges, que cela ne tire point à conſéquence. Quoi qu'en diſe Horace, une Pyramide ſolidement bâtie à l'Egyptienne, durera plus qu'un Livre qui vaut mieux qu'elle. Avec cette fiere aſſurance, que ce beau Génie témoigne de ſon Immortalité, combien il ſe trompoit ſur le motif! Il ne ſe promettoit que la durée de la Religion Romaine.

> Uſque ego poſterâ
> Creſcam laude recens, dum Capitolium
> Scandet cum tacitâ virgine pontifex. *

Qu'il étoit loin de penſer, Meſſieurs, que ce fût d'une Religion qui anéantiroit celle du Capitole, que ſa Renommée dût dépendre!

Mettons-nous donc dans l'eſprit que ces Grecs & ces Romains font une exception unique. Le Chriſtianiſme, en conſacrant leur Langue a conſacré leurs Ouvrages & ce qu'ils renferment. Non ſeulement il les a préſervés du naufrage

contre

---

* Ode derniere du 3e. Livre.

contre toute vraisemblance imaginable. Fatalité plus surprenante! Il a cimenté le nouvel Edifice de leur Gloire, de maniere qu'il ne peut être ébranlé dorénavant sans les Révolutions les plus inouies. Pas moins qu'un bouleversement des quatre parties du Monde, où leurs Livres & leurs Histoires sont répandus de mille manieres différentes; Originaux; Commentaires; Glosses; Traductions; Explications; Compilations; Imitations; Allusions; & des Editions sans nombre! De pareilles Révolutions nous entraîneroient nous autres; nous abymeroient infailliblement. Ainsi ils ne peuvent périr sans nous, & ne peuvent manquer de vivre avec nous, & par nous. Mais nous finirons sans eux! Nous finirons. Telles Révolutions pouroient même nous plonger assez vîte dans la nuit de l'Oubli, tous tant que nous sommes de Modernes, François, Anglois, Italiens, Allemans; j'entens nos plus illustres;

nos

nos Corneilles, nos Miltons, nos Tasses, nos Hallers; sans ôter un Lecteur aux plus médiocres d'entre les Anciens. J'en félicite moins l'Antiquité, que je ne plains la Postérité, condamnée à ne sortir de lontems du cercle d'une Erudition assez bisarre. Et toujours les mêmes Allusions! cette Mythologie! ces vieilles Histoires! C'est à ne pas finir; & ce ne sera pas un des moindres Obstacles aux progrès de l'Esprit humain.

Voilà donc ces heureux Anciens, (quelque soit ce Bonheur!) les voilà gravés dans la mémoire des Hommes le plus profondément qu'il soit possible. Bien loin, Messieurs, que cela tire, encore un coup, à conséquence, pour nous en faire espérer autant; qui ne voit le désavantage de notre Condition? La vie est bornée; le tems qu'on donne à l'Etude & à la Lecture l'est beaucoup plus. Ce sont là les Tablettes, dont chacun

cun veut que son Nom & ses Productions occupent une partie. Les Anciens en remplissent déjà la plus nette & la meilleure, en Caracteres inéffaçables. Nous n'avons plus qu'à nous disputer quelques restes, & tracer sur les marges, entre les lignes, des Caracteres peu profonds & fort déliés. Y a-t-il presse pour lire? il y a presse pour écrire. Chacun y prétend; & l'espace n'est que le même. On se serre; on empiete les uns sur les autres; jusqu'à ce que le Public fatigué passe l'éponge, & emporte ce qui tient le moins. Une Foule de nouveaux-venus s'attirent bientôt son attention. Ils disparoissent à leur tour, offusqués ou chassés par une autre Foule plus récente. Les seuls Anciens demeurent, & demeureront.... peut-être tant que les Tablettes subsisteront.

Ce désavantage infini que nous avons tous en général, François, Anglois, Italiens, Allemans, en comparaison des
Grecs

Grecs & des Romains, se retrouve encore fort augmenté dans chaque Nation, pour nous qui vivons aujourd'hui. Depuis un siecle, & plus, un nombre considérable d'excellens Ouvrages en tous genres, très supérieurs à la plûpart de ceux de l'Antiquité, se sont emparé à juste titre, des vuides que ces Anciens laissoient sur les Tablettes. Il s'en faut bien avec tout leur mérite, qu'ils y tiennent de la même force. Assez néanmoins pour nous mettre plus à l'étroit. C'est autant de pris sur le terrein. Enfin pourtant il reste quelque espace; & nous en jouissons pour le moment. On nous lit à titre de Nouveautés: il en sera de même de ceux qui vont nous suivre; mais on ne peut pas tout lire. Il faut un choix; & ce qui fixe le choix, après le besoin de l'Etat & de la Profession, c'est le degré de mérite, (relativement à chaque goût) dans l'Antiquité; & la quantité du bruit, dans la Nouveauté.

Placés

Placés entre la foule de ceux qui nous précedent, & qui sont en possession, & celle de ceux qui viennent sur nos pas, & qui se feront lire dans leur tems, comme nous, à titre de Nouveautés ; que nous restera-t-il pourlors ? Je ne vois point que cette Position soit fort riante, ni qu'il y ait rien-là de propre à nous aiguillonner, & à flatter notre vanité.

Hé bien ! que notre vanité se flatte elle-même. Choisissons entre les illustres Modernes une Réputation à notre gré ; & que le succès réponde à nos desirs. Que notre Gloire nous survive ; combien cela peut-il durer ? Fort peu, Messieurs. Ou le goût des Sciences subsistera, je suppose, encore cinq cens ans ; ou l'Europe doit retomber avant ce tems dans les profondes ténebres de la Barbarie. Dans ce dernier cas nous sommes oubliés ; nous passons probablement sans retour. Si le Goût subsiste, songeons que nous sommes dix ou douze grandes

Nations

Nations toutes à la fois que l'émulation du Savoir enflamme. N'y eût-il qu'une Langue en vogue entre ces Nations ; le nombre des Ouvrages dignes d'attention, & les seuls Détails historiques deviennent accablans. Mais ce sont dix ou douze Langues, qui se perfectionneront successivement, & se disputeront l'honneur de la Primauté. La nôtre semble en jouir, malgré son peu d'énergie, sa pauvreté, sa gêne excessive. Un Regne glorieux lui a procuré, du moins l'avantage d'être la plus répandue de l'Europe ; & il n'y a pas jusqu'à la honte même de ce Regne qui n'y contribue beaucoup. On comprend que je veux parler de cette cruelle Proscription, qui dispersa nos plus utiles Citoyens en tant de Contrées différentes : cela montre à quoi tiennent de pareilles fortunes. Depuis un tems l'Anglois s'avance sur les rangs. S'il n'avoit que la supériorité incontestable des Ouvrages philosophiques, doute qu'il perçât. Rival de nos Frivolités, il nous devient à craindre. L'Allemand, en dépit des préjugés, l'Allemand plein de richesses, de force, de majesté, & qui n'est pas sans graces non plus, l'Allemand aspire à partager les Suffrages. L'Italien, qui avoit commencé à fleurir lontems avant notre Langue, se maintient encore auprès des Dames & des Amateurs de la Musique. Il subsiste par l'Opéra, bien plus que par les beautés du Tasse; de ce Tasse qui se laisse goûter jusques dans une traduction: ce qu'Homere & Virgile n'ont pû faire. D'autres Langues auront leur tour, pour venir à la mode; l'une par ceci, l'autre par cela. Si toutes ne parviennent point à ce degré de considération, que la République des Lettres, ou le beau Monde, en veuille connoître les Ouvrages originaux; il n'y en aura point qui ne fournisse de son fond, des Trésors, que les autres ne manqueront pas de s'approprier

prier par la voye des Traductions & des Extraits. Faits intéressans ; Progrès des Arts ; Découvertes en Mathématiques, en Physique. Ce sont des Sources qui ne peuvent tarir : des Mines, d'où l'on ne discontinuera point, de tirer de quoi joindre à la masse commune. Et quelle masse ! Je dis même, après le triage fait des vrayes Richesses. A quel comble de folie notre Orgueil n'est-il pas monté, si nous croyons être quelque chose au milieu de cette abondance !

Le tems coule : nos Langues vieillissent ; la Françoise plus vîte que d'autres. Avec la Légéreté qui nous caractérise, il ne lui faut pas un siecle, pour ressentir moins l'injure des Ans que celle de notre Inconstance. Sans parler de Corneille, déjà si défiguré par les rides de l'âge ; il n'y a pas jusqu'aux charmes de Racine, où l'on ne démêle plus d'un trait flétri, plus d'un agrément qui se paffe. Tant de Chefs-d'œuvres n'ont pû fixer la Langue aux tours & aux expreffions de ces grands Hommes. Efpérons-nous réuffir mieux à la fixer? Tel tour, telle expreffion qui nous plaît aujourd'hui; qui ne s'eft point préfentée fous notre plume; qu'il a fallu chercher avec fueur; fera peut-être, avant cinquante ans, Meffieurs, ce qui mettra du dégoût dans la Lecture des Ouvrages que nous travaillons avec le plus de foin; au lieu que telle autre que nous rejettons comme moins propre y feroit une beauté. O! tourmentons-nous pour la frivole Gloire d'arranger des Mots; & que ce foit là notre objet! Non, non.... Ne rabattons rien pourtant de nos attentions; mais qu'elles ayent un plus noble motif. C'eft à mes Confreres en Philofophie que je parle. Utiles Domeftiques, chargés de revêtir aujourd'hui & demain l'éternelle Vérité des parures du tems, ne fouffrons point que cette Reine ne auguste se produise aux yeux de la Multitude, sous un extérieur, ou négligé, ou peu digne de sa majesté. Reçue, s'il est possible, avec le respect qui lui est dû, qu'elle regne dans les siecles à venir. Mais ne nous inquiétons point de quels Ornemens elle sera parée, ni de quelles Mains, quand le court Service dont nous nous acquittons auprès d'elle sera fini.

Nos Langues enfin cesseront d'être vulgaires. Quand? & comment? c'est ce qu'on ignore. Une Monarchie peut s'élever sur les ruines de toutes les autres. La Nation qui aspireroit à ce fatal honneur peut être la premiere accablée, & rompre l'équilibre par sa chûte. Des glaces du Nord, ou des sables brulans du Midi, de l'Orient ou de l'Occident, peut sortir un Conquérant rapide qui change la face de l'Europe. Qui sait s'il n'est pas dans l'ordre de la Providence, que l'Amérique vienne rechercher sur nous, ou sur nos descendans, le sang de ses Peuples qui gémissent sous notre Tyrannie? Ou bien si les Terres Australes, ou d'autres plus inconnues, ne lui nourissent point des Vengeurs? En un mot la Décoration présente ne peut durer. A ne point mettre les choses au pis, & sans supposer une extinction totale des Sciences & des Arts, ni même une interruption de progrès qui n'est que trop possible, le moins qu'il puisse arriver est que nos Langues passent. Elles doivent passer avec nos Empires; & peuvent aussi passer sans eux. Leur Multitude; leur Rivalité, le Commerce réciproque & continuel des unes avec les autres, sont des Causes qui tendent à les altérer par le seul Laps de tems, beaucoup plus vîte que le même Laps de tems n'a dû altérer les Langues Grecque & Latine. Celles-ci furent préservées de mélange durant plusieurs siecles par leur supériorité réelle, ou par l'opil'opinion de leur supériorité sur celles des Barbares. Ainsi nommoit-on généralement les autres Peuples, policés ou non: il suffisoit qu'ils ne se distinguassent point dans les mêmes Goûts. Mais dix ou douze grandes Nations qui cultivent les Talens de l'esprit avec une égale ardeur, & qui se communiquent à l'envi leurs Productions; contraintes de s'estimer ne peuvent que se rapprocher bientôt, en tout, & jusques dans le Langage. Il faut que d'une infinité d'emprunts; soit de mots, soit de tours & d'expressions, qui modifieront leurs Langues de mille manieres différentes, il s'en forme une seule, variée tout au plus par les nuances des Dialectes. De quelque façon que ce soit, Messieurs; une nouvelle Langue, ou plusieurs en Europe; peu importe. S'imagine-t-on, en conscience, que la Postérité n'aura rien de mieux à faire, que de se charger la tête de nos vieux Jargons hors d'usage?... Quoi? de tous? La charge est honnête.... Et du quel donc? Oh! du nôtre! Chaque Nation nomme ici le sien, puisqu'en chaque Nation ce n'est pas moins que l'Immortalité qu'on promet aux Ecrivains qui se distinguent.

Eh bon Dieu! pensons-y donc. La Postérité aura bien assez de la Langue, ou des Langues en vogue pourlors; de ce Grec, de ce Latin, dont les Destinées ne sont pas près de finir; & de tout le Fatras qui y tient; de l'Hébreu, Syriaque, Chaldéen, Arabe, & autres Langues Orientales, qui occuperont un nombre de cerveaux, & feront toûjours une branche considérable de l'Erudition, tant que la Théologie subsistera. On veut encore qu'il y ait place pour du François qui ne sera plus vulgaire; pour de l'Anglois; de l'Allemand; de l'Italien; de l'Espagnol; du Portugais; du Hollandois; du Hongrois; du Polonois; du Danois;

Danois; du Suédois; du Moscovite. Et pourquoi pas pour du Turc & du Lapon? * On voit déjà dans l'avenir des chaires de Professeurs, établies pour ces Langues chez tous les Peuples. On conçoit que cette Etude fait une partie essentielle de la belle Education. Peu s'en faut qu'on ne voye la Jeunesse sur les bancs, le Rudiment en main. Je ris pour moi, quand j'entend parler de nos *Auteurs classiques*; des *Tortures* que tels & tels Passages *préparent aux Saumaises*

futurs;

---

* Depuis que ceci est écrit, j'ai vû qu'il a été fait mention dans une Gazette de Leyde, (autant qu'il m'en souvienne, en Mai ou Juin de cette année 1756.) d'un beau Discours prononcé à Torneo en Langue Laponne, *sur la Nécessité dont est la connoissance du Lapon, pour l'intelligence des autres Langues du Nord, Suédois, Danois &c.* Je ne voudrois pas jurer, que l'Orateur ne crût son Discours fort digne des regards de la Postérité; au moins de la Postérité Laponne.

futurs; du Soin officieux que nous devons avoir d'éclaircir par de bonnes Notes, & par de bons Commentaires, comme on a fait sur Boileau, ce qui ne pouroit être compris ni deviné dans des tems éloignés du nôtre; *l'Ordre des Côteaux*, par exemple; & telle autre misère.* Vanité du Ciron qui craint de fati-

---

* Dans la Satyre IIIe de Despréaux,

> *Surtout certain Hableur, à la gueule affamée,*
>
> *Qui vint à ce Festin, conduit par la fumée,*
>
> *Et qui s'est dit* Profès dans l'Ordre des Côteaux.

M. Despréaux lui-même, M. Ménage, le Pere Bouhours, M. Desmaiseaux sur l'autorité de M. de Saint Evremond, M. Brossette, M. de Saint Marc, & quantité d'autres, ont donné leur explication de cet *Ordre des Côteaux*; & il y a apparence, que c'est ce qui a occasionné le Commentaire très étendu que ces derniers ont fait des Oeuvres du Satyrique. Le Pere Bouhours avoit écrit; „ Je ne puis m'ôter de „ l'esprit qu'on n'entendra pas un jour

fatiguer le Bœuf! si ce n'est, qu'aussi ridicules que lui par cet endroit nous le sommes bien plus par la conduite, ne voyant pas que nous nous appesantissons à l'excès, au lieu de nous rendre légers. Quelle Idée a-t-on des progrès de l'Esprit humain, de croire qu'il lui doive rester lontems assez de loisir, pour s'intéresser

„ l'Auteur des Satyres dans la description
„ de son Festin.... Je me suis même mis
„ en tête que les Commentateurs se tour-
„ menteront fort pour expliquer ce *Profés*
„ *dans l'Ordre des Côteaux*, & qu'on poura
„ bien le corriger en lisant; *Profès dans*
„ *l'Ordre de Cîteaux*, par la raison que
„ *l'Ordre des Côteaux* ne se trouvera point
„ dans l'Histoire Ecclésiastique, & que les
„ gens de ce tems-là ne sauront pas que
„ cet *Ordre* n'étoit qu'une Société de fins
„ Débauchés, qui vouloient que le vin qu'ils
„ buvoient, fût d'un certain Côteau, &
„ qu'on les appelloit pour cela *les Côteaux*. „
On croit que cette pensée du Pere Bouhors fit faire à M. Despréaux le dernier de ces

téresser aux moindres Particularités, & aux plus petites Allusions cachées dans les Ouvrages de chaque Auteur célebre; & cela dans chaque Nation? Cette Curiosité souvent si puérile que nous avons pour ce qui concerne les Anciens; ces Recherches si frivoles où ils nous jettent, &

quatre vers, dans la Satyre IXe où il parle à son Esprit.

Vous vous flattez peut-être en votre vanité,
D'aller comme un Horace à l'Immortalité;
Et déjà vous croyez dans vos Rimes obscures,
Aux Saumaises futurs préparer des tortures.

„ C'est ce vers, dit M. Brossette, qui m'a
„ inspiré la premiere pensée de faire un *Com-*
„ *mentaire Historique* sur les Oeuvres de M.
„ Despréaux, afin de donner une entiere
„ Connoissance des endroits sur lesquels l'E-
„ loignement des tems ne manqueroit pas de
„ jetter de l'obscurité. „ Ce Commentaire a été redressé depuis en beaucoup d'endroits par M. de Saint Marc, & grossi de mille choses qui en rendent la Lecture plus fati-

& qui confument un tems précieux; nous en prétendons bien autant, pour nous, nos ufages & nos minuties, de la part de la Poftérité. Généreufement nous devrions fouhaiter le contraire; & raifonnablement, mieux efpérer des fiecles qui fuivront. Tenons pour infaillible,

gante que curieufe. Si la Pelotte croît de la forte, & que d'autres s'avifent à la file, d'expliquer tout ce qui dans le Commentaire même auroit befoin d'explication, & qui en aura encore plus de befoin dans quelques fiecles, les Volumes ne feront pas médiocres. De quelle perte de tems un Auteur eftimable n'eft-il pas la caufe innocente; quand, après les Services rendus à fon fiecle, on veut qu'il en rende aux fiecles pour lefquels il n'eft pas fait?

Ce qu'il y a de plaifant, c'eft qu'au bout du compte on ne fait pas trop ce que c'étoient que *les Côteaux*, puisque le dernier Commentateur remarque, d'après Mrs. Desmaifeaux & de Saint Evremond, que le Pere Bouhours, M. Ménage, & M. Defpréaux lui-même, s'y font trompés.

ble, que la science des Faits & celle des Mots ne s'accumuleront point à l'infini. Loin de s'étendre, il faut, Messieurs, il faut qu'elles se resserrent de jour à autre, à mesure que celle des Choses gagne terrein. Elles n'ont toutes à se partager que le champ très étroit de l'Intelligence humaine.

Bien avant que nos Langues cessent d'être vulgaires il n'est déjà pas probable qu'il nous reste beaucoup de Lecteurs, à cause de la quantité prodigieuse d'Ouvrages estimables qui entreront en concurrence. Quand elles ne seront plus vulgaires, avant que d'être tout-à-fait oubliées comme les anciennes Langues de Perse & d'Egypte, il ne laissera pas de se passer un tems considérable. En chaque pays où elles auront été en usage, le besoin de déchiffrer de vieux Monumens, de débrouiller de vieux Titres, en conservera quelque connoissance chez les Antiquaires & chez les Erudits. La
bizarre

bizarre paſſion d'entendre des Langues que perſonne ne parle: de lire ce que perſonne ne lit, & de fouiller avec des regards curieux où perſonne ne fouille, n'eſt pas ſans utilités. Il eſt bon qu'il y ait des gens qui ſe vouent à ces laborieuſes Etudes; mais on ſait que ce n'eſt point par le Jugement & par le Goût que ces ſortes de gens excellent. Qu'un de nos Poëtes exquis, ou de nos plus judicieux Philoſophes, que le Hazard fera tomber en de pareilles mains, aura là de dignes Admirateurs! Telle eſt la Vieilleſſe, tels ſont les derniers Souffles de la Vie, prétendue immortelle, que même un Sot peut obtenir auſſi bien qu'un Génie ſublime.

Avec nos Langues voilà nos Ouvrages enſevelis à jamais. Nos Noms, pluſieurs au moins, & ceux de nos Princes ſurtout, ſubſiſtent quelque tems, altérés comme cela ne manque pas en paſſant dans de nouvelles Langues.

gues.* La multitude de ces Noms est bientôt si grande, qu'il faut renoncer au sens commun, ou se résoudre à les confiner dans des Tables chronologiques, sur lesquelles on poura jetter les yeux deux ou trois fois. Cependant les Noms anciens que ce Latin & ce Grec ont mis en possession, y demeurent. Un Brave est toûjours Achille; un Tyran est toûjours, ou Néron, ou Phalaris: un bon Prince, ou celui qu'on loue de bonté, est un Titus. Vénus & Flore, Courtisanes dont l'histoire est incertaine, & dont on ne sait pas même si elles furent brunes ou blondes; Vénus & Flore ne cessent d'entrer de moitié dans les douceurs poëtiques, & dans les complimens qu'on adresse aux Belles les plus

* Comme l'*Osimandyas* de Diodore de Sicile, qu'on croit être l'*Imandèz* de Strabon; comme *Constantinople* & *Stamboul*. (Voyez Dialogues des Morts de M. de Fontenelle; Dial. VI. *Bérénice & Cosme de Médicis*.) &c.

plus sages & les plus modestes. Il y a quantité de dixiemes Muses, & point de onzieme: des secondes Saphos, des secondes Artémises, des secondes Lucreces.... mais point de troisieme. De même des Démosthènes, des Cicérons. Combien de Bourgeois de Rome & d'Athènes plus connus que Clovis ou Charlemagne ? Louis le Grand, ce Monarque enivré de plus d'encens peut-être, qu'il n'en a été brulé sur les autels de tous les Dieux terrestres; Louis le Grand, Messieurs, vit-il aujourd'hui dans la mémoire de plus de gens, qu'un Socrate ou qu'un Caton? Je ne demande pas s'il y vit plus honorablement. Je demande: Y a-t-il beaucoup plus d'hommes, dans le monde entier, qui ayent une Idée assez exacte de Louis le Grand, qu'il n'y en a qui ayent une Idée de Caton, ou de Socrate; en y comprenant la nombreuse Jeunesse, qui, chez tant de Nations, fait connoissance avec ces derniers, dans les Auteurs qu'elle manie, sans y rien lire de Louis le Grand? Mais quand cela seroit; aujourd'hui, je le veux; en sera-t-il de même dans cent ans, dans mille ans? Socrate & Caton, dans dix & vingt siecles, seront probablement aussi célebres qu'aujourd'hui; Louis le Grand le sera beaucoup moins. Perdu dans la foule avec tout ce qui ne tient point au Grec & au Latin, les meilleurs yeux le démêleront à peine, comme un Roi qui aura vécu dans un certain période du monde. Tomber, est le Sort de tous les Empires: être oublié n'est pas moins la Loi commune, l'ancienne Grece & l'ancienne Italie presque seules exceptées comme par miracle. L'Egypte, la savante, la puissante Egypte; (que lui

man-

manquoit-il?) l'Egypte, dis-je! Elle est tombée, & ses Monarques sont la plûpart oubliés. Naturelle Perspective, pour tout Empire quelque florissant qu'il soit. La triste figure que ces fameuses Dynasties d'Egypte font dans l'Histoire, nous montre au doigt celle à quoi nos Dynasties d'Europe seront réduites plûtôt qu'on ne pense. Des listes de Noms, bien seches & bien confuses! La plus chétive, la plus mince Existence; puisque cela s'appelle *Exister!* C'est à ce degré risible d'exténuation, que la Gloire amene ses plus chers Favoris, avant qu'ils se dissipent dans les airs. Bruyantes Cigales, qui perdent enfin jusqu'à la voix!

Et que sommes-nous alors;...nous, nous autres Gens de lettres?.... Il resteroit à tirer de tout ceci, Messieurs, des Conséquences. Le tems me manque;

& les bornes ordinaires que j'ai déjà paſſées, ne me permettent pas d'ajoûter un ſeul mot. Je laiſſe avec confiance cet important Objet aux Réflexions de l'Aſſemblée.

PARTI A PRENDRE,

DANS LE DESESPOIR D'OBTENIR UNE REPUTATION DURABLE.

*Conclusion du Discours précédent.**

Bien convaincus de l'impossibilité où nous sommes d'atteindre à la Renommée du moins considérable d'entre les Anciens, il s'agit de descendre en nous-mêmes, & de voir de quelle maniere cette Vérité nous affecte.... Déplorerons - nous notre sort?... Envierons-nous celui des Nations privilégiées, chez qui les Thersi-

___
* Quoique le Discours n'ait point eu l'usage, auquel je l'avois destiné, & qui m'avoit contraint d'en retrancher cette Conclusion; lui ayant une fois donné sa forme, j'ai jugé à propos de laisser les choses dans le même état.

tes & les Chérilles sont consacrés à l'Immortalité, ... tandis que nos Achilles & nos Homeres sont rapidement entraînés dans la nuit du Néant?... Chercherons-nous à nous consoler? Ou ferons-nous mieux?... Prendrons-nous le parti d'envisager les choses sous un Point de vûe vraiment utile?

L'Auteur de l'*Histoire Ancienne*, qui ne pense gueres qu'en second, comme tout le monde sait, dit d'après Saint Augustin, „ que la Sagesse suprême a vou- „ lu récompenser par la Gloire les Ver- „ tus des Grecs & des Romains; à la „ vérité, ajoute-t-il, Récompense hu- „ maine de Vertus humaines. ,, Une infinité de graves Personnages ont débité, & débitent la même réflexion. Je ne saurois y applaudir. C'est convenir très sérieusement, que la Gloire est une sorte d'Avantage; que c'est un Bien dont on jouit quand on n'est plus, & dont il vaut mieux jouir alors que de ne pas
jouir;

jouir; qu'enfin, parler aujourd'hui d'une belle Action faite il y a deux ou trois mille ans, n'eſt pas choſe tout-à-fait indifférente pour le Héros. A voir d'éternels Prêcheurs de Morale ſe trahir eux-mêmes, & ne pouvoir s'empêcher de reconnoître dans la Gloire de ces Grecs & de ces Romains une réalité qui n'y eſt point; qui s'étonnera que des Généraux d'armée, des Miniſtres d'état, des Princes, & leurs Chantres les Beaux-Eſprits, feſant fond ſur cette réalité, la croyent digne de leurs efforts, & prennent pour elle la Paſſion inſenſée qu'on leur connoît? Mais paſſons: ce n'eſt pas à quoi je veux venir.

Nos gens à réflexions donnent ici dans d'autres écarts. Qu'entend-on par *Vertus humaines*, & qu'entend-on par *Récompenſe?* La Récompenſe, s'il y en a dans ce cas, conſiſte dans l'avantage d'obtenir ce qu'on a ſouhaité; ſavoir, de faire quelque Bruit après ſa mort.

Eroſtrate l'a ſouhaité. Il s'eſt rendu incendiaire & ſacrilege pour l'obtenir, & il l'obtient. De quelles Vertus humaines eſt-il donc récompenſé? Vénus & Flore, ainſi que toute Coquette & pis que cela, ont déſiré que leur beauté fût fort célebre. Elle l'eſt, & au delà de leurs eſpérances. Quoi donc? Eſt-ce d'avoir été belles, & coquettes, & pis que cela, que la Sageſſe ſuprème les recompenſe par tant de Gloire? Quelles Vertus humaines y a-t-il là? Quelles Vertus humaines, & plus qu'humaines, y avoit-il dans un Jupiter Roi de Crete ou d'Arcadie; pour que la Sageſſe ſuprème ait voulu rendre ce Nom ſi auguſte, que d'être encore, même parmi les Chrétiens, le Nom poëtique de la Divinité? Quelles Vertus humaines y avoit-il à faire de beaux Vers, Grecs ou Latins, quelquefois fort licentieux ou fort impies, pour que la Sageſſe ſuprème eût l'attention d'en récompenſer

le

le travail par l'admiration de tous les siecles; précisément selon l'ardent desir de leurs Auteurs? Enfin quelles Vertus humaines y a-t-il à être bon Peintre, bon Sculpteur, bon Musicien, bon Pantomime &c? Ce sont des Talens & non des Vertus. A quel titre la Sagesse suprème nous a-t-elle conservé si soigneusement, les noms de ceux qui ont excellé dans ces diverses professions en Grece & en Italie? Mais surtout, quelles Vertus humaines y a-t-il à ravager la terre, pour que la Sagesse suprème accorde à tant d'Ambitieux, de l'une ou de l'autre Nation, l'éclatante Renommée à laquelle ils ont aspiré par ces ravages? C'est se jouer des termes. Je crains même que ce ne soit amener avec indécence, ou du moins appliquer fort mal, l'entremise de la supréme Sagesse. Récompenser! Comment? Par ce qui n'est rien en soi; au pied de la lettre, rien! Récompenser les Vertus réelles, quoi-

que

que humaines, des Aristides, des Socrates, des Scipions, des Tites, des Antonins, par une prétendue faveur, qui leur est commune avec tout ce qu'il y a eu de plus vicieux ou de plus frivole ?

D'ailleurs, s'il s'agissoit de récompenser; avouons-le; la Main distributrice d'une Récompense si vaine en seroit étrangement avare. Pour quoi cette acception de Peuples & de Personnes ? N'y a-t-il eu de Vertus humaines que chez les Grecs & les Romains ? Les uns & les autres nous apprennent que bien des Nations barbares, les Scythes, les Germains, par exemple, l'emportoient infiniment sur eux pour l'Innocence des mœurs, la bonne Foi, la Justice, la Tempérance. Leur éloquence suffit à peine aux Peintures qu'ils se sont plû à nous faire de la vie & des vertus de ces Peuples, dont l'histoire est ignorée. Car ce ne sont que des Peintures générales:

rales: fort peu de Détails; presque point de Noms. Ainſi donc que d'Actions louables ſont demeurées ſans éloges! Et chez les Grecs même, & les Romains, qu'il y a peu de Noms, & peu d'Actions, dont la mémoire ſe ſoit conſervée, à proportion ſans doute de ce qui pouvoit-être dans le cas de le mériter! Pour croire que la ſuprême Sageſſe ait été partiale, il faudroit qu'il y eût lieu à de la faveur. Il n'y en a point où il n'y a rien à partager. O combien il eſt plus raiſonnable de s'écrier, à la vûe de cette conduite, que la Gloire n'eſt rien;* mais que quand elle ſeroit quelque choſe, ce

quel-

* Auſſi dois-je avouer que c'eſt à quoi l'Auteur de l'*Hiſtoire Ancienne* en revient avec beaucoup de raiſon. La Penſée très fauſſe, contre laquelle je viens de m'élever, ſe retrouve pluſieurs fois dans les premiers Volumes; mais dans les derniers ce ſont des Idées & un Langage plus exacts; témoin

quelque chose ne seroit absolument digne que de nos Mépris!

Encore est-ce quelque chose que les Richesses & les Honneurs, dont on jouit. L'on a judicieusement remarqué, que si la Providence n'accordoit ces distinc-

cet excellent Morceau au sujet de Pline le jeune.

„ Pline n'étoit occupé, non plus que tous
„ ces illustres Ecrivains du Paganisme, que
„ du desir & du soin de vivre dans la
„ mémoire de la Postérité. Ils ne pen-
„ soient qu'à transmettre leurs Noms aux
„ siecles futurs par des Ecrits, qu'ils es-
„ péroient devoir durer autant que le Mon-
„ de, & leur procurer une sorte d'Immor-
„ talité dont ils étoient assez aveugles pour
„ se contenter. Y avoit-il rien de plus ca-
„ suel, de plus incertain, de plus frivole
„ que cette espérance? A quoi a-t-il tenu
„ que la Postérité ne connût que leurs
„ Noms, & pas même leurs Noms? Le
„ Tems qui a aboli la plus grande partie
„ des Ouvrages de ces Hommes vains, ne
„ pouvoit-il pas encore abolir le peu qui

tinctions qu'à la Vertu, on seroit tenté de les prendre pour de vrais Biens, & qu'il n'y a que la maniere dont elles sont distribuées qui désabuse. Du mépris des Riches, a-t-on dit avec beaucoup de vérité, on ne peut que passer

au

„ nous en reste ? A quoi doivent-ils les pe-
„ tits Débris qui ont échappé au Naufrage
„ général ? Le peu qui est parvenu jusqu'à
„ nous, empêche-t-il que tout ce qui leur
„ appartient, jusqu'à leurs Noms-mêmes,
„ ne soit absolument péri dans toute l'Afri-
„ que, dans toute l'Asie, & dans une gran-
„ de partie de l'Europe ? Sans les Etudes
„ que l'Eglise Chrétienne a maintenues, la
„ Barbarie n'auroit-elle pas anéanti leurs
„ Ouvrages, & leurs Noms, dans tout
„ le reste de l'Univers ? Quelle est donc la
„ futilité de la Béatitude sur laquelle ils
„ comptoient, & à laquelle ils se rappor-
„ toient tout entiers ? Ceux qui ont fait
„ l'admiration de leur siecle, ne tombent-
„ ils pas dans le gouffre de l'Oubli & de
„ la Mort, aussi bien que les plus stupides
„ & les plus ignorans ? Nous sommes bien

au mépris des Richesses - mêmes, & du mépris des Grands aux mépris des Dignités & des Honneurs. Ce qu'on a dit de la plûpart des Riches & de la plûpart des Grands, disons - le de la plûpart des Noms que la Gloire a transmis jusqu'à nous. Ici se voit la distribution la plus bizarre. Deux Nations presque seules entrent en partage: pourquoi? Parcequ'elles ont eu de meilleurs Ecrivains. Quand cela seroit, qu'est-ce que cela fait à la Vertu? Mais c'est peut-être une Providence qui a suscité ces meilleurs Ecrivains, pour célébrer des Vertus plus dignes de louange. Bon! Les tems fabuleux de ces Nations ne se trouvent - ils pas sans comparaison plus

„ insensés, nous que la Religion a mieux
„ instruits, si, destinés par la grace du
„ Sauveur à une bien-heureuse Immorta-
„ lité, nous nous laissons éblouir par une
„ Grandeur imaginaire, & par le Fantôme
„ d'une Eternité en idée. „ *Histoire Ancienne*, T. XII. p. 394.

plus illuſtrés que les tems hiſtoriques, & les ſiecles vicieux plus connus que ceux où l'Innocence a régné? Homere! Virgile! On ſait par cœur ce que ces Poëtes contiennent. Et que contiennent-ils? Des Fables!... Des Fables qui déguiſent quelques Faits très incertains! Des Fables, qui nous vantent des Exploits chimériques, & des Noms réels!

Ulyſſe, Agamemnon, Oreſte, Idoménée,
Hélene, Ménélas, Paris, Hector, Enée,[*]

& une infinité d'autres; que nos Chants, nos Poëſies, nos Peintures, nos Sculptures, nos Gravûres, que nos Spectacles en un mot préſentent ſans ceſſe aux yeux & aux oreilles, & que ſouvent nous avons honorés de nos larmes. Des idées vrayes! Quelque rapport au Vice ou à la Vertu! Bien peu. Une Pénélope, de Femme proſtituée érigée en Héroïne de fidélité conjugale; une Didon, d'Hé-

roïne

[*] *Art Poëtique* de Deſpréaux.

roïne de fidélité conjugale changée en Femme galante: c'eſt à-peu-près le compte qu'on peut faire ſur les Poëtes, ces fiers Diſpenſateurs de Renommée. Viennent enſuite les Hiſtoriens auſſi menteurs.

      Et quicquid Græcia mendax
Audet in hiſtoriâ.*

Puis l'Italie qui ne lui cede en rien. Des Témoins qui dépoſent dans leur propre cauſe, ſans que nous puiſſions entendre les Parties adverſes. Témoins, ſouvent en contradiction entr'eux & avec eux-mêmes. L'enchaînement des choſes a demandé que cet amas de Vérités plus que douteuſes, & de Fauſſetés palpables, eût, ſi non une éternelle durée, celle peut-être du Globe que nous habitons. Qu'importe aux Noms qui y entrent, & à ceux qui n'y entrent point? Il n'y a là ni faveur ni rigueur de la ſuprème Sageſſe, ni avantage ni déſa-

* *Satyres* de Juvénal.   vantage

vantage pour qui que ce soit. Pas plus, que lorsque dans un Torrent la surface d'un insensible Rocher est humectée de l'eau qui coule, tandis que la masse demeure aride.

Que chacun se dise en cet endroit, s'il le juge à propos, tout ce qui s'est dit sur le Néant de la Gloire. Cela n'est point de mon Sujet. Mon Sujet est rempli; j'ai démontré que nous n'aurons que très peu de part à ce Néant. Prenons donc notre Parti là-dessus. Il n'y a point à balancer sur le vôtre, Grands de la Terre, qui avez en main le moyen de vous faire aimer. Faites du bien: rendez-vous aimables. Un Sentiment d'amour du plus misérable des Hommes vaut mieux que mille ans de Gloire, que vous n'obtiendrez point, je vous en avertis. Nous autres Gens de Lettres, qui pour la plûpart en obtiendrons encore moins, hâtons-nous d'aller au solide, & de mettre nos Talens à profit, conformément à nos Inclinations. Il ne s'agit, que de voir, & ce que peut notre esprit, & ce que notre cœur desire. Avons-nous de ces Talens enchanteurs qui menent rapidement à la Réputation, qui saisissent la Multitude, qui nous rendent bientôt une Denrée précieuse aux yeux des favoris-mêmes de la Fortune; & nous sentons-nous touchés, émus de tout ce que réveille ce mot FORTUNE? Hâtons-nous. Jouissons. Déployons tous les charmes de notre esprit. Ouvrons nos cœurs à l'enivrement des Satisfactions qui nous attendent.... Trompeuses Satisfactions, délayées d'amertume!... Le savons-nous? En sommes-nous bien convaincus? Si bien que nous sentions pour elles plus d'éloignement encore que de mépris? Nous sommes-nous commandé de nous tenir le plus serrés que nous pourons entre les Limites de la Nature? Regardons-nous comme un vrai Domaine,

maine, un Fonds réel, l'état que ce Vers fameux couvre d'un prétendu Ridicule;

Pauvres d'effet, & riches d'abstinence! *

Et sommes-nous heureux de penser ainsi, n'ayant après tout qu'Oppositions, Tracasseries, Dédains à espérer, quand on n'a que des Vérités à dire & des Préjugés à combattre? Si nous ne sommes pas avec cela persuadés, que notre Devoir est de dire ces Vérités, & de combattre ces Préjugés; & si nous ne trouvons pas à remplir ce Devoir, une Satisfaction complette; nous sommes à plaindre. Mais si nous croyons que c'est à quoi la divine Providence nous appelle, en nous fesant jouir à tems d'une *Liberté inestimable*, après avoir de longue main tourné tout notre Goût, toutes nos Vûes, vers les Spéculations philosophiques; eh! que demandons-nous davantage? Acquittons-nous de bonne foi

* Dans le *Mondain* de M. de Voltaire.

foi. Exposons naïvement nos Pensées, nos Doutes, nos Méprises-mêmes. Il faut que de siecle en siecle l'Esprit humain acquiere de nouveaux développemens. Il faut donc que quelques Particuliers travaillent, concourent à ces développemens. Pourquoi ne serionsnous pas dans le cas; (fut-ce par nos Doutes; fut-ce par des Erreurs-mêmes;) si nous nous sentons de la Sincérité, de l'Application, du Zele; si nous pouvons nous rendre témoignage d'avoir mis un tems considérable à l'examen de nos Idées; & si notre Profession, notre Etat, nous autorise à les produire?

Chercher à fixer ses Idées au creuset de la Contradiction: chercher à se rendre meilleur en philosophant; car la Philosophie n'est rien, à moins qu'elle ne tende à ce But: & si l'on a réussi à se rendre meilleur, par les puissans Motifs qu'une saine Philosophie fournit, espé-

espérer que d'autres en pourront faire autant, & que nous aurons le bonheur d'y contribuer : n'y a-t-il donc rien là qui mérite nos Sueurs ? De la Réputation ! Il en faut comme *Véhicule*, ainsi que je l'ai dit autre part. On en peut souhaiter *comme Témoignage & comme Moyen ; Moyen d'être utile, Témoignage qu'on l'a été*. Mais cela peut venir tard. Cela peut venir quand on n'est plus ; j'entens, quand on n'est plus en état d'en jouir. Il n'y faut point compter. Que cela vienne quand cela poura, ou que cela ne vienne point ; que cela dure peu ou beaucoup ; que cela finisse enfin. Nous aurons tenu le solide. Les Socrates, les Platons, les Aristotes, les Chrysippes, avec leur immortelle Réputation, n'auront aucun avantage sur nous. Si dans ce *Trésor des Remedes de l'Ame*, dans cette fameuse Bibliotheque du Roi Osimandyas, il y a eu un seul Livre digne de ce titre, & que l'Auteur l'ait l'ait fait dans ces Vûes; tout ignoré qu'eſt l'Auteur auſſi bien que ſon Ouvrage aujourd'hui, aujourd'hui-même il jouit de tout ce dont peuvent jouir les Chryſippes, les Ariſtotes, les Platons, les Socrates. Il jouit du Prix des Intentions.

„ On vous comprend. Vous avez
„ donné une-très haute Idée des
„ vôtres.... La ſoûtiendrez-vous ? „
Hélas! je n'en ſais rien. Ce que je ſais; c'eſt que ſi j'y manque, jamais le *Video meliora proboque, deteriora ſequor*, n'aura eu une plus complette Application.

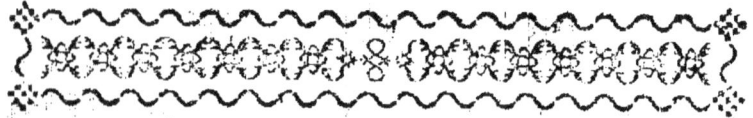

PROBLEME:

Quel est

LE PLUS FAMEUX DES ROMAINS?

Avant d'expliquer l'étendue & le sens de cette Question, il ne sera peut-être pas hors de propos d'instruire le Lecteur de l'occasion qui l'a fait naître.

Dans une Compagnie où je me trouvois, on examinoit la Signification que l'Usage a donnée à ces trois Mots, *fameux, célebre, illustre*; surtout celle du troisieme & du premier. On convenoit sans peine qu'ils n'étoient pas synonymes au point qu'on pût employer indifféremment l'un pour l'autre; mais il y eut quelque contestation sur la Signification propre de chacun d'eux. Je ne rapporterai point ce qui fut dit; je me

contente de venir au Réſultat. Nous tombâmes à la fin d'accord, que ces trois Mots ſe peuvent prendre également bien en bonne part, mais qu'*illuſtre* ne ſe prend jamais que de cette maniere, au lieu que *fameux* ſe peut prendre tant en bonne qu'en mauvaiſe part, pour déſigner ſimplement ce qui eſt fort connu. „ En ſorte, dit alors quelqu'un
„ de la Compagnie, que la Queſtion
„ eſt fort différente de demander, quel
„ eſt *le plus fameux des Romains*, par
„ exemple; ou bien de demander quel
„ eſt *le plus illuſtre*. Car la Queſtion du
„ plus illuſtre renfermera l'idée d'un
„ Perſonnage digne d'eſtime, & quel-
„ que connu que pût être Catilina,
„ quand même il le ſeroit plus que tous
„ les autres, cette Queſtion ne le regar-
„ deroit pas; au lieu que s'il s'agiſ-
„ ſoit de ſavoir quel eſt le plus fa-
„ meux, Catilina n'auroit point alors
„ d'excluſion; il pouroit entrer ſur les
„ rangs

„ rangs & l'emporter même, s'il se
„ trouvoit qu'il fût effectivement le
„ plus connu. „ *

Pendant cette Conversation il me vint une Pensée singuliere. Je m'apperçus qu'on pouvoit déterminer quel est le plus connu des Romains; & il s'en présenta un à mon esprit, duquel on peut affirmer sans contredit qu'il est plus connu que tous les autres ensemble, & par consé-

* Voyez les *Synonymes François* de M. l'Abbé Girard, à l'Article *fameux, célebre, illustre,* & il y ajoûte encore *renommé.* „ Toutes
„ ces Qualités, dit-il, marquent *la Réputation.*
„ Mais celle qu'exprime le mot de
„ *fameux* n'est fondée que sur une simple
„ Distinction du commun, qui fait *parler*
„ *du Sujet dans une vaste étendue de Contrées*
„ *& de Siecles;* soit que cette Distinction se
„ prenne en bonne ou en mauvaise part, il
„ n'importe.... La Pucelle d'Orléans dé-
„ criée chez les Anglois, estimée par les
„ François, est également *fameuse* chez l'une
„ & l'autre Nation.... Erostrate chez les
„ Grecs

conséquent *le plus fameux*. Aussitôt je proposai la Question à l'Assemblée, qui ne manqua pas comme je m'y attendois bien, de la traiter d'absurde. La plûpart soûtinrent qu'il n'y avoit point un Romain dont on pût dire qu'il fût le plus connu, mais qu'il y en avoit un très grand nombre aussi connus les uns que les autres. „ César par exemple, „ disoient-ils, ne l'est pas plus que „ Pompée,

„ Grecs brûla le Temple de Diane pour se „ rendre *fameux*; & il y réussit plus par la „ Défense que les Juges firent de le nom- „ mer, que par son Action. „ Je mets ici ce Passage pour obvier à ce qui m'a été objecté, qu'on ne peut pas dire qu'Erostrate soit ce l'on appelle *fameux*, non plus que le Romain dont il va être question. M. l'Abbé Girard, qui sans doute sait la force des Termes François, nous déclare qu'Erostrate est *fameux*; & que *fameux, c'est ce dont on parle dans une grande étendue de Contrées & de Siecles*, ce qui est au plus haut degré le cas du Romain dont il s'agit.

„ Pompée, ni Pompée plus que Cé-
„ far; puisqu'il n'est pas possible de
„ savoir l'histoire de l'un de ces grands
„ Hommes, sans savoir l'histoire de
„ l'autre. „

Ce que vous remarquez est vrai, leur répondis-je; mais vous ne prenez pas ma Pensée. Il est sûr que l'on ne peut gueres connoître César sans connoître aussi Pompée. Mais n'est-il pas évident que le Nom & la Personne de César reviennent plus souvent à l'esprit, & que l'on en parle plus fréquemment, qu'on ne parle de Pompée ou qu'on ne pense à lui. Oh bien! je vous demande, quel est le Romain auquel on a le plus souvent occasion de penser? quel est celui dont on parle le plus souvent, & dont le Nom est le plus *répété?*

Alors tous se récrierent de nouveau, jugeant qu'il n'y avoit pas d'apparence que cela fût de nature à pouvoir se déterminer. J'insistai, & j'assurai que parmi

mi les anciens Romains, dont l'Histoire nous a transmis les Noms, je pouvois leur en marquer un, qui est sans comparaison plus connu non seulement qu'aucun des autres, mais que tous les autres ensemble. Celui que j'ai dans l'esprit, leur dis-je, est également connu des Ignorans comme des Savans, & cela parmi presque tous les Peuples de la terre; il ne se passe point de jour, ni peut-être même d'heure & de moment, qu'une multitude infinie de personnes n'ait occasion de penser à lui; il n'y en a point en un mot dont le Nom soit plus souvent dans la bouche des Hommes. Et quand je dis le Nom, ajoutai-je, remarquez bien que je n'en sépare point l'idée de la Personne. Ce n'est pas dans le sens qu'on pouroit dire que le Nom d'Auguste a été fort répété, parcequ'il y a un mois de l'année & une fameuse ville d'Allemagne qui le portent: car en parlant du mois d'Aoust, ou de la ville d'Ausd'Ausbourg, on ne pense point du tout à la Personne de l'Empereur Auguste; ainsi cela ne se doit point mettre en ligne de compte. Ce n'est pas non plus parce qu'il y auroit un grand nombre de personnes qui porteroient ce Nom. L'on voit bien que ce seroit le même cas que celui de la ville d'Ausbourg & du mois d'Aoust. Mais le cas dont je parle est tel, qu'en prononçant le Nom du Romain, c'est à lui-même que l'on doit penser; c'est de sa Personne dont il est question; c'est même du Trait de sa vie le plus considérable, & de celui d'où dépend particuliérement l'Immortalité dont il est sûr de jouir.

Il n'étoit pas possible de réduire la chose à une plus grande précision; ni, je crois, de la proposer d'une maniere plus piquante. Ainsi toute la Compagnie se mit à y rêver, sur la parole d'honneur que je réitérai plusieurs fois que la Question étoit sérieuse, & qu'elle

ne

ne rouloit point fur un jeu de mots, comme quelques-uns le foupçonnoient. On s'y opiniâtra plus d'une heure, fans que perfonne trouvât de Solution fatisfefante. Toute l'Hiftoire Romaine paffoit en revûe; mais il ne fe préfentoit aucun Nom qui parût approcher de remplir les Conditions. On en revenoit à foûtenir que je me moquois. Je proteftois que je n'avois d'autre reproche à me faire que trop de clarté; deux ou trois Coups de crayon plus forts peut-être qu'il ne faudroit. Au refte j'avertiffois, que quoi qu'il n'y eût pas la moindre Equivoque, les paroles dont je me fervois n'étoient cependant pas tout-à-fait indifférentes, & qu'il y avoit telles expreffions, qu'on croiroit pouvoir mettre à la place des miennes, qui ôteroient toute la juftefte de la Queftion. Il en fera, difois-je, comme d'une Enigme. On n'aura pas plûtôt rencontré le Mot, qu'il n'y

aura

aura chose au monde plus évidente & plus simple.

Cela fit venir l'idée de proposer le Problème dans un Journal qui s'imprime à Neuchâtel sous le Titre de *Journal Helvétique*. (J'étois alors à Morges au Pays de Vaud; & ce fut, s'il m'en souvient, vers la fin de 1746, ou au commencement de 1747.) La chose, quoiqu'au fond peu importante, ainsi que je le déclarois, valoit bien au moins les Logogryphes & les Enigmes dont on enrichissoit ce Journal. Dès le mois suivant la Solution fut envoyée de divers endroits. Sans doute que le Public a des lumieres & une pénétration que n'ont point les Particuliers qui le composent. Car d'une cinquantaine de fois que j'ai proposé la Question à des Amis, en différens tems & en différens lieux, il n'y en a pas eu une où l'on soit venu à bout de la résoudre.

J'avois annoncé dans le Journal, (sans
me

me nommer) que je pourois bien réleˊver le peu de mérite de la Question, par des Réflexions qu'on jugeroit intéressantes. C'étoient en partie celles des trois Pieces que l'on vient de voir. Un Exemple de la plus singuliere Bizarrerie en fait de Renommée, le Romain dont il s'agit, y donnoit occasion fort heureusement. Cela n'eut point lieu; comme mille autres choses, que les Conjonctures où je me suis trouvé m'ont toûjours fait perdre de vûe. Aujourd'hui ce sont les Réflexions-mêmes des Pieces qui précedent, qui ramenent ce Trait en cet endroit.

Mais quel est donc cet Exemple de Renommée, si étonnant & si bizarre?

Le Lecteur ne le devine-t-il pas? Qu'il y rêve un peu.....On sait combien les moindres Magistrats chez les Romains étoient jaloux de conserver la mémoire de leur Magistrature. Ils s'y

ruinoient

ruinoient par les plus folles dépenses, souvent sans espérance de parvenir à de plus grandes, & seulement pour qu'on parlât d'eux. Perse dit : *

> Jus habet ille sui, palpo quem ducit hiantem
> Cretata Ambitio ? Vigila, & cicer ingere largè
> Rixanti Populo, nostra ut Floralia possint
> Aprici meminisse Senes. Quid pulchrius !

Dans Horace ** un Pere sensé donne sa malédiction à ses Enfans, s'ils ont la vanité de prétendre à l'Edilité ou à la Préture, pour y dissiper le patrimoine honnête qu'il leur laissoit.

> Præterea ne vos titillet Gloria jure-
> Jurando obstringam ambo : uter Ædilis fuerit, vel
> Vestrûm Prætor, is intestabilis & sacer esto.
> In cicere atque fabâ bona tu perdasque lupinis,
> Latus ut in Circo spatiere, aut æneus ut stes,
> Nudus agris, nudus nummis, insane paternis ;
> Scilicet ut plausus, quos fert Agrippa, feras tu ?

Qui eût dit à un Romain d'une naissance & d'un mérite peu distingués, parvenu,

---

* Satyre V. vers 176.
** Satyre III du Liv. 2^d. vers 179.

venu, l'on ne sait comment, au Gouvernement d'une petite Province, que sans exploits militaires, sans avoir, ni repoussé l'Ennemi, ni étendu sa Frontiere, ni maintenu l'ordre & la tranquilité dans sa Province, le souvenir de sa Magistrature seroit éternel; que son Nom voleroit dans tous les coins de la Terre, passeroit dans toutes les Langues, seroit plus connu que celui de Romulus Fondateur de Rome, de Brutus Fondateur de la République, de César & d'Auguste Fondateurs de l'Empire, des Scipions Vainqueurs & Destructeurs de Cartage & de Numance, du redoutable Marius, de l'heureux Sylla, du grand Pompée, du riche Crassus, de l'éloquent Cicéron, du divin Virgile &c; & qu'il seroit redevable de tant de Renommée à une Affaire de quelques heures qui lui paroîtroit à lui-même peu importante, & où l'acte de son autorité seroit une foiblesse? qu'à la vérité on ne se répandroit

pandroit pas en éloges fur fon fujet: mais qu'on parleroit de lui avec beaucoup de modération; que même on fe contenteroit la plûpart du tems de rappeller fon fouvenir, ou de le nommer fans porter aucun jugement? Etre nommé par toute la Terre, dans tous les Siecles, même fans éloges! Je vous le demande, ô Eroftrates! n'eft-ce pas beaucoup? Je le demande à tant de grands Criminels, qui au prix de l'exécration de leur fiecle & des fiecles à venir, n'ont pas ambitionné plus que cela; *faire parler de foi! être dans le fouvenir des Hommes! être nommés!* Qu'ils me haiffent, pourvû qu'ils me craignent, difoit un Tyran. Qu'on dife du mal de moi, pourvû qu'on en parle; c'eft le fentiment de tous ceux, qui vont, fi non à la Gloire, du moins à la Renommée, par des voyes qu'ils ne peuvent fe diffimuler n'être point louables; & c'eft le plus grand nombre. Ç'a été la Manie

de

de la plûpart des Grecs, & encore plus celle des Romains. O qu'il est étrange d'en voir un, sans y penser, obtenir plus à lui seul de cette chimérique Existence, que tous les autres ensemble!..

Le Nom enfin?... Si je n'en ai point assez dit pour qu'on le devine, c'est ce Gouverneur de Judée, qui dans l'Evangile

<blockquote>
De cet air imposant qu'on nomme Dignité,
Demande au Fils de Dieu, qu'est-ce que Vérité?*
</blockquote>

Qui est-ce qui ne sait pas ces paroles: *passus sub Pontio Pilato; a souffert sous Ponce Pilate?* Femmes & Enfans? Jeunes & Vieux? Pauvres & Riches? Savans & Ignorans? Qui est-ce qui ne les a pas répétées, ou entendu répéter des milliers de fois dans sa vie? En quelle Langue ne sont-elles pas traduites? & à quelle heure, à quel instant du jour, ne peut-on pas assurer que quelque part sur la terre des milliers de Bouches les pro-

---

* M. de Voltaire, *VIIe. Discours sur l'Homme.*

prononcent? Elles font partie des Prieres du foir & du matin de tous les Chrétiens. Elles entrent dans presque tous les Actes de Religion, Meſſes, Prêches &c. Y a-t-il monument plus étendu & plus durable de l'Exiſtence d'aucun autre d'entre les enfans de la fuperbe Rome? Y a-t-il rien même qui en approche?

Quand les Chefs d'une Nation, méprifée dans le monde, amenent en tumulte devant le Tribunal du Gouverneur Romain, un Malheureux généralement abandonné, chargé de chaînes & d'opprobres, rebut de cette même Nation qui demande ſa mort à grands cris; ne ſemble-t-il pas que ce ſoit l'Affaire d'un moment? qu'y a-t-il là qui puiſſe tirer à conſéquence? Le Gouverneur daigne pourtant y prêter quelque attention. Il ſe laiſſe toucher de pitié pour ce Malheureux; ce dont ſon humanité ſans doute ſe fait bon gré,

Sur

Sur ce que l'Accufé ne répond point à fes queftions, ,, Ignorez-vous, lui dit-,, il, que j'ai le pouvoir de vous faire ,, mener au fupplice, & celui de vous ,, relâcher? ,, Mais combien lui-même il ignore profondément l'importance de l'Inftant où il eft! Et quand je dis l'importance; je ne parle point de celle qu'y attache la Foi Chrétienne. C'eft en Philofophe & d'une façon toute humaine que je confidere la chofe. Grands de la Terre, quelle leçon pour vous, dans vos folles idées de Gloire & de Renommée chez les Races futures! Etes-vous avides feulement d'une longue Durée dans la mémoire des Hommes, quelque foit le fouvenir qu'on ait de vous? Voyez ce fier Romain, fupérieur par fon pofte à bien des Rois, & leur égal par la fimple qualité de Citoyen de Rome. C'eft à ce malheureux Profcrit qu'il devra la Durée de fon Nom. Sans ce Malheureux on ne fauroit pas qu'il

y

y a eu un Ponce Pilate au monde: mais cette rencontre fera porter ce Nom dans des tems & dans des lieux où le vôtre n'ira jamais. Plus délicats, defirez-vous de vivre, mais de vivre avec honneur dans le souvenir de la Postérité? Defirez-vous qu'elle ne vous voye qu'en beau; qu'elle connoiffe vos Qualités louables, ignore vos Foibleffes & vos Travers? N'ayez donc ni Foibleffes ni Travers. N'ayez que des Qualités louables. Veillez fans ceffe fur vous-mêmes avec l'attention la plus exacte. Car fachez que l'Objet le plus indifférent, & le plus vil à vos yeux, peut devenir l'occafion, qui découvre à la Postérité le faux luftre de vos Vertus, & les petiteffes de votre Conduite.

Mais n'y a-t-il que le Nom feul de Ponce Pilate, dont la Durée tienne à l'Inftant fatal que je confidere? La remarque que j'ai faite, pouroit paroître plus finguliere qu'utile. Portons nos re-

K 4   gards

gards plus loin. Il est sûr que le souvenir de ce Nom tient de telle sorte à cet Instant, qu'à cause de la conjoncture le voilà répandu par toute la Terre & dans tous les Siecles, au lieu que sans elle il n'en seroit pas même mention. Entre les Noms Romains, ou entre tous les Noms d'hommes, n'y a-t-il donc que celui-ci qui soit dans le cas? Oui, je l'avoue, pour ce qui est d'être sans contredit le plus généralement & le plus souvent répété. Nullement, pour ce qui regarde la Perpétuité, la Durée, l'Existence. Il n'y a Nom, il n'y a Fait, de l'Histoire ancienne & moderne, à cet égard, qui ne soit dans ce cas, plus ou moins. Auguste avec son Siecle; Alexandre avec le sien; (ce qu'il y a eu de plus grand!) Homere avec ses Dieux & ses Héros; (ce qu'il y a eu de plus renommé!) Les tems antérieurs & les tems postérieurs de la Grece & de l'Italie; tout ce qui nous reste de connois-

sance

sance des Egyptiens, des Assyriens, des Medes, des Perses, des Cartaginois, & de cent autres Peuples; notre propre Histoire enfin; notre Existence; nos Pensées; nos Goûts; nos Sentimens; & nos Noms-mêmes tiennent à cette Epoque. D'abord au pied de la lettre *Epoque*, puisque par une Révolution, également merveilleuse, qu'elle soit naturelle ou surnaturelle, il se trouve que l'on rapporte aux jours de ce malheureux Proscrit, rebut du rebut des Nations, aux jours de ce Juif crucifié, les années des Rois & des Particuliers, aussi bien que celles des Empires; tant de ceux qui ont précédé que de ceux qui sont venus depuis. Mais il y a plus encore. C'est que jamais Epoque historique ne le fut à plus juste titre; si l'on y prend garde, pour cette excellente raison; raison unique! „ que sans elle; „ sans cette Epoque; les Faits que l'on „ y rapporte, ou n'auroient pas existé,

„ ou

,, ou seroient absolument effacés de la
,, mémoire des Hommes. ,,

Il n'y a rien de reconnu en matiere de Faits, s'il ne l'est pas que toute l'Histoire ancienne, avec les Langues Grecque & Latine, seroit depuis lontems dans un entier oubli, sans l'appui étranger du Christianisme. Si l'Empire Romain n'étoit devenu Chrétien; si les Nations, qui l'ont détruit il y a plus de douze cens ans, n'avoient été Chrétiennes; tout périssoit. Rien de plus certain, puisqu'il est notoire que c'est dans l'Eglise seule que s'est conservé ce qui est parvenu jusqu'à nous, & qu'excepté quelques Ecclésiastiques, quelques *Clercs*,* la plûpart même fort ignorans, il n'y a eu personne pendant bien des siecles, qui sût lire ou écrire dans sa propre Langue; tant s'en faut que l'on

---

* C'est de là qu'en France on appelle encore un Secrétaire ou un Copiste d'un Homme de Justice, un *Clerc*.

l'on y cultivât les Lettres. Ainsi toute Connoissance historique, fondée sur les Langues Grecque & Latine, tient incontestablement à la Religion, aux Disciples, à la Vie & à la Mort, de cet Homme *qui a souffert sous Ponce Pilate.*

Voilà les Evénemens qui seroient effacés du souvenir des Hommes sans l'influence de l'Epoque dont il s'agit. Les Evénemens qui n'auroient pas même existé; ce sont ceux de notre Histoire moderne; ceux qui ont amené nos Empires, nos Opinions, & nous-mêmes. Si l'on considere l'influence infinie que l'établissement du Christianisme, son maintien, & ses diverses révolutions ont eûe, surtout en Europe, depuis dix-huit siecles, dans la naissance, la vie & la mort de plusieurs milliers de millions d'Hommes; dans le mariage ou dans le célibat; dans la guerre ou dans la paix; dans nos divisions; dans nos disputes; dans une multitude d'Entreprises,

ses, d'Etablissemens, de Voyages; dans nos Etudes & dans nos Lectures, en nous conservant les Anciens; par conséquent dans nos Goûts, dans nos Sentimens, dans nos Sciences & dans nos Arts; enfin, comme je l'ai dit, jusques dans les Noms que nous portons: on conviendra, qu'il n'y a pas un seul d'entre nous, qui ne soit tout ce qu'il est, par une suite de la même Epoque; & qui par là ne tienne, bon gré mal gré, à l'Homme, *qui a souffert sous Ponce Pilate.*

Ainsi donc, au Mortel le plus abject & le plus chargé d'opprobres, à celui dont il est écrit, *qu'il sera réputé, non un Homme, mais un Ver*; mais aussi dont il est écrit, *qu'il lui sera donné un Nom supérieur à tous les Noms*; à ce Mortel se trouve attaché tout ce qu'il y a de Gloire & de Renommée durable dans les siecles qui nous ont précédés, & de plus l'impossibilité où nous sommes,

nous

nous, de rien obtenir de pareil. O combien ce Point de vûe eſt humiliant pour l'orgueil, mais particuliérement pour l'orgueil de nos Eſprits-forts! Qu'y a-t-il qu'ils affectent plus de mépriſer que le Chriſtianiſme, & ſon Auteur, & la Nation qui l'a vû naître, & tout ce qui y a rapport?

   Il eſt un Peuple obſcur, imbécille, volage,
   Amateur inſenſé des Superſtitions,
   Vaincu par ſes voiſins, réduit dans l'eſclavage,
   Et l'Opprobre éternel des autres Nations.
   Le Fils de Dieu, Dieu même, oubliant ſa puiſ-
      ſance,
   Se fait concitoyen de ce Peuple odieux.
   Dans les flancs d'une Juive il vient prendre naiſ-
      ſance.
   Il rampe ſous ſa Mere, il ſouffre ſous ſes yeux
      Les infirmités de l'enfance.
   Lontems vil Ouvrier, un rabor à la main,
   Ses beaux jours ſont perdus dans ce lâche exer-
      cice.
   Il prêche enfin trois ans le Peuple Iduméen,
      Et périt du dernier ſupplice.*

* *Epître à Uranie.*

Cela

Cela paroît fort abſurde à ces Meſſieurs, & l'on n'ignoroit pas que cela dût leur paroître tel. D'un autre côté qu'y a-t-il dont ils ayent une plus haute idée, que des Héros, & des illuſtres Ecrivains Grecs & Romains; ces grands Hommes dont ils ambitionnent la Gloire, & qu'ils prétendent bien égaler, ſoit par de beaux Ecrits, ſoit par des Hauts-faits qui feront un jour l'admiration de la Poſtérité? C'eſt là leur chimere. Cependant ils n'atteindront point cette chimere; encore plus chimere pour eux que pour ces Grecs & ces Romains, qui du moins ont embraſſé la nue. Pourquoi n'y atteindront-ils point, & pourquoi ceux-ci y ont-ils atteint? C'eſt que ce Juif crucifié, objet de leurs mépris, ce rebut du rebut des Nations, a tendu la main aux uns, & a circonſcrit les autres dans un cercle étroit. Il a dit: „Je m'empare,
„ pour moi, & pour ce qui peut avoir
„ rapport à moi & à ma Religion, de la
„ plus

„ plus considérable partie du Savoir hu-
„ main; & il n'y aura que cela qui sub-
„ siste, avec le détail de quelques Scien-
„ ces & de quelques Arts utiles. La
„ Langue de mon Peuple, toute pauvre
„ & toute misérable qu'elle est; quel-
„ ques autres qui en sont voisines, &
„ qui serviront à l'éclaircir; celles des
„ Grecs & des Romains, parce qu'elles
„ ont été en usage de mon tems & de
„ celui de mes premiers Disciples, * des
„ Ouvrages en ces Langues, non parce-
„ que ce sont les Ecrits de grands Poë-
„ tes, de grands Orateurs, ou de grands
„ Philosophes, foibles avantages à mes
„ yeux! mais parce qu'ils mettent dans
„ un plus beau jour la Révolution que
„ j'apporte au Monde, & qu'ils font un
„ heureux Contraste avec ceux que mon
„ esprit a dictés: dans ces Ouvrages
„ Grecs

* *Hébreu*, *Grec*, *Latin*, les trois Langues em-
ployées dans l'Inscription de la Croix, voilà
les seules qui soyent sûres de vivre.

„ Grecs & Latins, des Faits, des Noms,
„ réels ou imaginaires ; Portraits far-
„ dés, qui n'en établiſſent que mieux
„ le Contraſte que je projette : en-
„ ſuite une multitude de Livres, tant
„ bons que mauvais, concernant ma
„ Doctrine, ou l'hiſtoire de ce que
„ ma Doctrine aura occaſionné dans le
„ Monde: c'eſt, dis-je, ce que je veux qui
„ ſubſiſte, & ce que je conſacre à une
„ ſorte d'immortalité. L'Abus, l'Erreur,
„ la Paſſion, le Fanatiſme, groſſiront
„ cette maſſe à l'excès. Mais les plus
„ chétifs Ouvrages qui entreront dans la
„ chaîne de mes vûes, ſeront plus ſûrs de
„ durer, que les Monumens des Poten-
„ tats, & que les Ecrits des Génies ſubli-
„ mes de ces ſiecles poſtérieurs. Je ne
„ laiſſe à ces Hommes vains, à ſe diſpu-
„ ter entr'eux que le petit champ qui reſ-
„ te après l'eſpace que j'occupe. „

Si l'on ſe donne la peine de ſuivre ces
Idées comme elles le méritent, & comme

me je ne manquerai pas de le faire en son lieu;* je crois que l'on reconnoîtra que ce Point de vûe du Christianisme, très surprenant en soi, est tout-à-fait digne de l'attention d'un Philosophe, en tant qu'à ne prendre l'établissement & le progrès de la Religion de Jésus-Christ que pour l'ouvrage-même des Hommes, c'est encore l'Evénement le plus grand dans ses effets comme le plus petit dans son origine, le plus singulier, le plus étrange, & qui nous touche par plus d'endroits.

Ces Réflexions, & la plûpart de celles qui entrent dans le Discours *sur la Durée des Réputations*, devoient, ainsi que je l'avois promis, relever le mérite de mon Problême. Il s'en falloit bien

* Dans l'Examen des vrayes & solides Preuves du Christianisme, que j'ai annoncé il y a déjà près de six ans, Tome IIIᵉ. de la *Monogamie*, page 59

Tome I. L

bien que ce fût tout. Des Considérations *sur la Conduite de Pilate dans le Jugement de Jésus - Christ*, fesoient un article qui ne devenoit pas moins intéressant. Mais comme il en résulte contre le récit des Evangélistes une assez forte Difficulté, & que la Solution que je propose peut ne pas être goûtée de tout le monde, ce ne fut pas une des moindres raisons que j'eus de ne rien hâter. Voilà donc au moins dix années complettes que j'ai gardé le tout; & Difficulté; & Solution; aussi bien que ces Réflexions, utiles certainement à la gloire du Christianisme, & mille autres Vûes de même nature, que je me résous à produire enfin dans cet Ouvrage. On ne m'accusera pas de m'être trop pressé. J'ai voulu que le tems, & la constance de mon genre de vie, fissent mieux connoître mes Intentions.

Le

Le Discours suivant, dont c'est ici la vraye place, peut y contribuer infiniment; vis-à-vis, j'ose le dire, même du Zele de religion le plus timide; non, je l'avoue, vis-à-vis d'un Zele faux & emprunté. Ce n'est pas de quoi m'éclairer beaucoup sur le succès que j'en dois attendre.

CAS DE CONSCIENCE:

ou

DISCOURS SUR CETTE QUESTION.

S'il est permis de proposer contre les Preuves des Vérités les plus respectables, & que l'on reconnoît pour telles, & non seulement contre les Preuves, mais contre les Vérités-mêmes, des Difficultés, de nature qu'il soit à craindre, que la Foiblesse humaine qui les forme, n'ait beaucoup de peine à les résoudre.*

LE Sujet que je viens d'avoir l'honneur de vous exposer, Messieurs, est renfermé dans des limites bien plus étroites que la fameuse Question de la Liberté de penser. Je ne le remarque point sans dessein. S'il étoit décidé, qu'il doit être libre à chacun, de combattre, soit dans ses discours, soit dans

* Lû à l'Académie, le 19 Octobre, 1752.

dans ses écrits, les Opinions les plus sacrées; à plus forte raison seroit-il permis à un Homme, qui demeure sincérement attaché à ces Opinions, de dire son avis sur les Preuves qu'on en apporte, d'infirmer quelques-unes de ces Preuves, & de déclarer même qu'il y a telles ou telles Difficultés, qui lui sont venues à l'esprit, ou qu'il a reçues d'ailleurs, lesquelles, à son grand déplaisir, lui paroissent d'une dure & embarassante conséquence. Mais quand la Liberté de penser seroit proscrite; quand il seroit arrêté qu'on doit sévir avec le fer & avec le feu contre tous Sentimens hétérodoxes en certaines Matieres, la Question que j'entreprens d'examiner, ne seroit pas moins proposable: à moins que ce ne fût, Messieurs, dans ces Contrées plus que barbares, où le Fanatisme ne laisse plus lieu absolument à la faculté de réfléchir.

Graces à Dieu nous sommes éloignés

d'une pareille Tyrannie. Ici les corps sont soumis aux Loix, & à des Loix très simples; mais les esprits sont libres comme les cœurs. Aussi la Question que j'agite seroit-elle superflue parmi nous, si je l'envisageois dans son rapport avec la Législation Civile, ou Académique. C'est du côté Moral que je la considere. Tout ce qu'une Loi tolere, ou permet, même par des vûes de sagesse, un Homme sage ne se le croit pas toûjours permis. Je demande donc, si maîtres que nous sommes de manier les Matieres les plus délicates de la Philosophie spéculative, nous pouvons en conscience user de ce privilege, au point de remettre à l'examen les Preuves des Vérités fondamentales. Je demande, supposé que quelques-unes de ces Preuves accréditées le plus universellement, ne pussent soûtenir notre Examen, & que nous les trouvassions manifestement insuffisantes, ou en elles-mêmes, ou par

quel-

quelques Considérations nouvelles, si nous pourions en conscience en avertir, ou si nous ne devrions pas craindre d'inquiéter la Multitude, & de fournir de spécieux prétextes au Pyrrhonisme. Je demande enfin, si dans le cas que quelqu'un d'entre nous eût été conduit par une suite malheureuse de Réflexions à des Conclusions fâcheuses, sans qu'il ait pû démêler l'Erreur, s'il lui conviendroit de produire ses Pensées; & si, (poussons les choses à l'extrême!) supposé que les ayant produites, l'Académie elle-même jugeât la Difficulté comme insoluble, & cependant des plus redoutables, si, dis-je, elle pouroit, (en conscience, je le répete,) communiquer au Public cette Difficulté, dans l'espérance vague & incertaine d'obtenir une Solution.

Vous sentez, Messieurs, combien la Question vous intéresse. Une Académie, telle que la vôtre, n'est point faite pour rebattre des Vérités triviales: elle doit produire du Vrai, mais un Vrai neuf, & par conséquent être libre. Le Génie qui nous a rassemblés, & qui nous a donné des Loix, entr'autres singularités remarquables, n'a point établi parmi nous une Classe de Philosophie spéculative, pour que nos profondes Méditations ne roulassent que sur de petits Objets, ni pour qu'elles fussent servilement gênées par les Erreurs ou par les Préjugés reçus. Il a prétendu que nous fondassions avec une noble hardiesse les fondemens-mêmes de tout l'Edifice des Connoissances humaines: Destination dont la grandeur est digne de celle de ses Vûes. Néanmoins, il faut l'avouer, l'entreprise n'est pas sans péril. En vous exposant mes Pensées sur ce sujet, j'espere que vous ne m'accuserez point de rien dissimuler.*

La

* Je retranche d'ici un long Morceau qui fesoit une espece de Digression, dans laquelle,
avant

La Question est donc ; je vous supplie d'en peser toutes les paroles ;

„ S'il est permis de proposer contre
„ les Preuves des Vérités les plus respec-
„ tables, & que l'on reconnoît pour tel-
„ les, & non seulement contre les Preu-
„ ves, mais contre les Vérités-mêmes,
„ des Difficultés, de nature qu'il soit
„ à craindre, que la Foiblesse humai-
„ ne qui les forme, n'ait beaucoup de
„ peine à les résoudre. „

Observons d'abord, que quelque respectables & quelque saintes que soyent des Vérités, les Difficultés qui n'en attaqueront que les Preuves, pouront être

avant que d'entrer en matiere, je rendois compte à l'Académie d'une Idée fort propre à fixer son attention sur le Cas que je propose. J'ose dire que ce Morceau, par les sentimens & les traits dont il est plein, ne déparoit point le Discours. Il se retrouvera par la suite, à la tête de sept ou huit Pieces qui concernent l'Idée dont il s'agit.

être souvent très bien fondées, & que quelque fondées ou quelque insolubles que paroissent des Difficultés, elles ne peuvent jamais être que méprise, ou ignorance, de notre part, lorsque ce sont les Vérités-mêmes qu'elles attaquent. Je crois que dans l'un & dans l'autre cas, pourvû que nous nous y prenions d'une façon convenable, nous pouvons en conscience produire les Doutes de notre esprit, & que nous le devons même si nous en avons la liberté.

Il n'y a que deux Motifs à opposer, Messieurs, l'un de Scrupule, & l'autre de Politique.

Je dis que *nous pouvons en conscience*. Aussitôt le Scrupule objecte le péril manifeste d'ébranler la créance des Foibles, & de prêter des armes à l'Impiété.

J'ajoûte que *nous devons même*. Une timide Politique n'envisage d'autre devoir,

voir, que de ne se point exposer à d'odieux soupçons en Matieres si délicates.

Ne vous imaginez point, je vous prie, voir les préludes d'une Discussion fort compliquée. Je sens ce qui peut faire quelque peine. Quatre Points de vûe se présentent à nous, lesquels se croisent tous quatre dans leurs rapports essentiels, & peuvent s'entre-embaraser; outre que chacun se divise encore en deux autres. 1º. Les Idées hardies que nous supposons, sont, ou démonstrativement vrayes, ou souverainement spécieuses. 2º. Elles attaquent, ou des Vérités respectables, ou seulement les Preuves de ces Vérités. 3º. On allegue contre le dessein de les produire, d'abord un Motif de conscience, ensuite un Motif d'intérêt. 4º. Enfin je mets en these, & que nous les *pouvons* produire, & que nous le *devons*. La netteté du discours s'accommode peu de ces Partitions

tions accumulées qui rentrent les unes dans les autres. Pour nous tirer de ce labyrinthe, je réduis tout à un seul Point.

Nous devons produire, sans aucune sorte de déguisement, quelques Difficultés que ce soit; parussent-elles, ces Difficultés, ébranler les Vérités-mêmes, les plus dignes de nos respects.

Si nous le *devons*, nous le *pouvons* donc légitimement. Si nous le pouvons légitimement, ce Scrupule, ce Motif de conscience que l'on oppose, est donc mal fondé. Si le Motif de la conscience, loin de nous en détourner, nous y exhorte, le Motif de quelque intérêt personnel ne nous arrêtera pas. Et si nous nous devons armer de cette généreuse hardiesse, lorsqu'il s'agit de Difficultés dont nous gémissons dans l'ame, de Difficultés qui iroient à renverser les Vérités-mêmes les plus saintes, à plus forte raison lorsqu'il n'y a que telles ou tel-

les

les Preuves de ces Vérités qui soyent en péril.

Ah, Messieurs! Que ceux-là sont éloignés d'être de mon avis, qui croyent qu'on peut défendre par toutes sortes de fraudes pieuses, & par les moyens les plus obliques, les Opinions vrayes ou fausses, une fois consacrées parmi les Hommes! De là cette infidélité avec laquelle ils ne manquent jamais d'exposer ce qui peut être, ou favorable, ou contraire à ces Opinions. De là ce front d'airain avec lequel ils exagerent l'un, exténuent l'autre, ne trouvent partout que Preuves & Démonstrations, nulle part de Difficultés, si ce n'est de légeres ombres que le moindre rayon dissipe. Quel est le fruit de cette conduite? De rendre suspectes des Opinions souvent très vrayes, mais indignement défendues. De persuader enfin, ou du moins de donner lieu de présumer, que personne dans l'intérieur de l'ame ne connoît

noît mieux la fausseté de ces Opinions, que ceux-là-mêmes qui font une profession plus ouverte d'en maintenir la vérité.

Bien des Philosophes sont tombés dans ce défaut; & les Philosophes, surtout de l'espece la plus sublime, les Théologiens, on ne peut en disconvenir, y sont sujets: mais ce n'est point ainsi que l'on agit en Mathématiques. Cette Science, dont la certitude supérieure à tout se fait respecter du Pyrrhonien & du Fanatique; du Fanatique outré qui voudroit qu'il n'y eût d'autres vérités que ses dogmes, comme de l'insensé Pyrrhonien qui tend à anéantir toute vérité; cette Science, dis-je, quoique plus rarement qu'aucune autre, ne laisse pas quelquefois d'aboutir à des Conclusions embarassantes. Elle a ses Paradoxes, ses Incompréhensibilités, ses Mysteres. Elle a pis même encore, puisqu'il n'est pas sans exemple d'y rencontrer jusqu'à

des

des Contradictions assez palpables. Je demande : S'avise-t-on de le dissimuler ? Vit-on jamais Algébriste, ou Géometre, frémir d'une Difficulté qui lui paroît insoluble, en vouloir cacher la découverte, souhaiter de l'enfouir mille fois plus bas que l'abyme d'où une imprudente recherche l'a tirée ? Non : on expose le Fait avec candeur, & la Vérité s'en trouve bien. Le tems & la patience menent à la fin aux Solutions les plus inespérées. La lumiere succede aux ténebres : mais la Difficulté subsistât-elle ; une Science si solide n'en seroit point ébranlée. C'est le motif de la noble assurance dont on s'y pique. Il ne sied, Messieurs, qu'à la Superstition & à l'Erreur de s'alarmer sur le sentiment de leur foiblesse.

Ce que je viens d'avoir l'honneur de vous dire, sera merveilleusement confirmé par l'exemple d'une Difficulté redoutable, aussi redoutable, aussi

acca-

accablante même, qu'il en fût jamais en Mathématiques, & dont l'heureuse Solution se trouve dans vos *Mémoires*.*

On démontre quel est le nombre de Points, qui suffit pour déterminer une Courbe d'un certain ordre. On démontre pareillement quel est le nombre de Points, que cette Courbe peut avoir de commun avec une autre du même ordre. Chose inconcevable! Le nombre des Points déterminans, dans presque tous les cas, est plus petit que le nombre des Points communs.** C'est ce qui se

peut

---

* Année MDCCXLVIII. page 219. *Sur une Contradiction apparente dans la Doctrine des Lignes courbes*; par M. Euler.

** On sait que la Position d'une Ligne droite est déterminée par deux Points quelconques de cette Ligne; en sorte que deux Points quelconques d'une Ligne droite étant donnés la Position de la Ligne est donnée, par la raison que deux Points ne peuvent être communs à plusieurs Lignes droites. Aussi deux

Lignes

peut imaginer de plus contradictoire. Et cependant, encore un coup, Démonstrations de part & d'autre; Formules; Ana-

Lignes droites ne s'entrecoupent-elles jamais qu'en un Point. Toute la Géométrie porte fur ce Principe. Pareillement une circonférence de Cercle est déterminée par trois Points; puisque deux circonférences de Cercle ne peuvent avoir trois Points communs, ou qu'elles ne peuvent fe couper en plus de deux Points. De même encore une Courbe conique est déterminée par cinq Points. Auffi deux Courbes coniques ne peuvent-elles avoir que quatre Points communs, ou s'entrecouper en plus de quatre Points. La Difficulté commence au degré fuivant. On démontre qu'une Courbe du troifieme degré est déterminée par neuf Points. Deux Courbes du troifieme degré devroient donc n'avoir jamais plus de huit Points communs; ou, ce qui est la même chofe devroient ne fe pouvoir couper qu'en huit Points au plus. Cependant on démontre que deux Courbes du troifieme degré fe peuvent couper en neuf Points. Si deux Courbes de ce degré fe peuvent couper en neuf Points, elles ont

donc

Analogies constantes. Quel sujet de triomphe pour le Pyrrhonien! Belle occasion, en insultant à la Certitude mathéma-

donc neuf Points communs; & par conséquent il semble qu'il n'est pas vrai, que neuf Points suffisent pour en déterminer une seule: ou si neuf Points suffisent pour en déterminer une seule, il semble par conséquent qu'il est faux, que deux de ces Lignes puissent avoir neuf Points communs; faux, qu'elles puissent s'entrecouper en neuf Points. C'est encore pis dans toute la suite des autres degrés. Une Ligne du quatrieme est déterminée par quatorze Points, & deux pareilles Lignes se peuvent couper en seize; une Ligne du cinquieme est déterminée par vingt Points, & deux pareilles Lignes se peuvent couper en vingt-cinq; une Ligne du sixieme est déterminée par vingt-sept Points; & deux pareilles Lignes se peuvent couper en trente-six. &c. Quelles obligations les Mathématiques, & toutes les Sciences en général, n'ont-elles pas à M. le Professeur Euler, d'avoir ramené ces Propositions à l'harmonie la plus parfaite? La Piece citée cy-dessus ne laisse pas ombre de difficulté.

thématique, d'insulter à toutes les autres Certitudes quelconques, sans en excepter celle de la Morale & de la Religion! Oui, sans l'en excepter! Je m'explique. C'est que d'un côté je fais profession de reconnoître celle-ci pour plus sacrée que celle-là, & d'une nécessité dans le monde sans comparaison plus grande; puisque, quand nous n'aurions ni mesurages ni calculs à faire, ce qui ne seroit pas impossible dans un genre de vie très simple, assurément nous n'en aurions pas moins des devoirs essentiels à remplir envers les Hommes & envers Dieu. D'un autre côté pourtant il faut avouer que la Religion & la Morale, susceptibles de plus de nuages que les Mathématiques, *jusqu'ici* leur cedent en certitude,[*] & qu'assurément aussi elles ne pouroient subsister, si l'autorité de

ces

[*] *Jusqu'ici:* Car j'ai déclaré en plusieurs occasions, & je déclare de nouveau, que je tiens la Religion & la Morale pour aussi *démontrables*

ces dernieres étoit détruite. Eh bien donc? Ceci posé, il y avoit sans doute à frémir de l'étrange Contradiction dont je vous parle?... Il falloit ensevelir une si fâcheuse découverte dans le silence?.. Nous y aurions perdu beaucoup, Messieurs. Outre un nombre infini de vérités dépendantes de la théorie des Courbes trables que les Mathématiques, dès qu'on en aura séparé ce qui n'est point elles. Si la Superstition, & le Préjugé, s'étoient avisés d'attacher aux Nombres & aux Lignes des propriétés métaphysiques, (comme par parenthese l'Opinion populaire y attache mille qualités physiques, je veux dire, ces vertus du Nombre impair en général; en particulier ces Vertus du Nombre *trois*, du Nombre *sept*, du Nombre *treize* &c;) croit-on que la Science des Nombres & celle des Lignes fussent autre chose qu'un informe amas de Contradictions? La belle affaire, que nous aurions de concilier les Vérités réelles que l'Evidence nous y feroit appercevoir, avec les prétendues Vérités que le Préjugé & la Superstition contraindroient de respecter! C'est au pied de la lettre le cas de la Religion, aussi bien que de la Morale.

bes qu'il eût fallu facrifier, nous n'aurions point une belle & excellente Solution qu'a donné notre illuftre M. Euler, ni une importante leçon qui réfulte du fuccès-même.

Tout ce grand fcandale ne venoit que d'un léger mal-entendu. Mais quelque léger que fût ce mal-entendu, il n'avoit point été démêlé, & pouvoit ne l'être point encore fi tôt. Il n'avoit point été démêlé par tout ce qu'il y avoit eu de profonds Mathématiciens qui y avoient penfé, c'eft-à-dire par une multitude de très fubtils Génies. Quelle préfomption, furtout en pareille matiere, qu'il ne le feroit jamais, & qu'il ne le pouvoit pas être! Il l'eft aujourd'hui. Suppofons qu'il ne le fût pas. Quoi? Le Calcul, l'Analyfe, la Géométrie, ces Sciences fi lumineufes & fi utiles, difons mieux, d'un ufage fi indifpenfable au moins felon le train de la Société, ces Sciences devroient tomber dans le décri?

Nous ne pourions plus que nous méfier de la Certitude de leurs Principes qui nous auroient conduits à une Contradiction si manifeste? La Certitude de leurs Principes anéantie, plus de connoissances, plus de vérités; il ne nous resteroit que le parti désespéré du Scepticisme? Et cela, pour une Difficulté, qui toute accablante qu'elle paroît, au bout du compte n'est point réelle. Que nous devrions avoir regret à notre désespoir! Apprenons donc, que si telle est la condition de l'Esprit humain, que ses lumieres les plus pures sont souvent environnées de ténebres, il n'y a cependant point à tomber dans le découragement. Autre est l'état d'un aveuglement complet qui ne laisse plus la faculté de se conduire; autre l'état d'une vûe foible, ou sujette à des éblouissemens & aux vertiges. Cet état-ci ne demande que de justes précautions, avec lesquelles on peut se mettre en route & aller loin. Voilà,

Voilà, Messieurs, comment une seule Difficulté résolue, si elle a dû paroître d'une certaine conséquence, cause mille fois plus de joye, donne à l'esprit une confiance mille fois plus grande, que cent Vérités démontrées. Ce n'est pas au reste, que je prétende qu'on ait attendu à l'exemple que je viens de citer, pour savoir qu'il ne faut point s'alarmer trop de ces éblouissemens passagers, ou de ces vertiges, à quoi notre foible vûe est si sujette. Je ne veux dire autre chose, si ce n'est, que cet exemple, dont on a obligation à l'un de vos Membres, confirme puissamment une utile leçon qui ne sauroit être trop répétée. Toûjours devons-nous entrevoir d'ici, si je ne me trompe, qu'il peut y avoir quelque avantage dans l'exposition naïve des plus terribles Difficultés.

Mais non, l'on m'objectera sans doute une disparité considérable. Quiconque s'est mis en état par une étude pro-

fonde de l'Algebre & de la Géométrie, de sentir tout le poids d'une Difficulté, de la force de celle qu'a résolu M. Euler; celui-là, me dira-t-on trouve en cela même un préservatif très suffisant contre la maladie du Scepticisme. C'est la raison pourquoi une Contradiction si palpable n'avoit point eu, avant la Solution, le funeste effet qu'il semble qu'elle devoit avoir. Quelle atteinte la Certitude mathématique pouroit-elle souffrir en pareil cas? Les gens du métier, qu'une lumiere sûre accompagne partout ailleurs, demeurent plus surpris que consternés d'une Eclipse si subite, & n'iront pas pour cela renoncer à l'évidence qui les pénetre. Les autres, ou n'entendent point parler d'un Phénomène si surprenant, ou n'en sentent point le prodigieux. Il n'est donc pas à craindre que le Libertin s'en prévale; comme infailliblement il se prévaudroit d'une Difficulté de même force, qu'on lui
mettroit

mettroit en main fur des Matieres plus faintes, mais plus communes & plus à la portée de tous les esprits.

Eh bien, Messieurs, supposons un cas tout semblable, où la Difficulté eût pour objet, au lieu d'un Théorème de la Géométrie des Courbes, une Regle de Dialectique essentielle à la sureté du raisonnement, ou bien un Principe de Métaphysique d'où dépendît la Certitude de nos connoissances, ou quelques-uns des Préceptes fondamentaux de la Morale, ou des Matieres encore plus respectables en ce qu'elles concerneroient l'Etre suprême. Supposons la Contradiction aussi frappante, le désespoir de la concilier aussi apparent, & néanmoins le succès aussi immanquable pour qui sauroit s'y prendre comme il faut. Ce sont là de ces Sujets où il n'y a si petit Raisonneur, qui, dès qu'il a pris la peine d'effleurer l'étude de la Philosophie dans une lecture précipitée de Locke ou de Baile, ne se croye juge très compétent, juge souverain, en état de prononcer sur ce qui demande la méditation la plus suivie. Et si nous sommes de bonne foi, nous conviendrons que ces Sujets peuvent être offusqués de nuages, puisque des Théorèmes de Mathématiques n'en sont point exempts. Quel Fracas, je l'avoue, ne feroient point ces Esprits dont la lumiere est le supplice, & dont les ténebres font la joye! Jusqu'où ne porteroient-ils pas l'audacieuse assurance d'un Doute insensé; d'un Doute, destructeur de toute Regle de conduite, de toute Loi, de toute Sagesse, de toute Providence! Et quelle ne seroit pas au bout du compte la vanité, la futilité de leur triomphe! Quelle gloire pour la Vérité! Quel nouveau degré de confiance pour ceux qui l'aiment!

Je dois cette Réflexion, Messieurs, à notre illustre Geometre, de la bouche même

même de qui j'ai eu le plaisir de l'entendre.* Elle est bien digne d'un Homme en qui les Sentimens religieux ne le cedent point aux Lumieres, & aux Lumieres distinguées en divers genres. Elle est aussi fort propre à mettre ma pensée dans le jour qui lui convient. Laissons cependant, laissons tout le fruit que j'en pourois tirer. Ne comptons pour rien, ni cet éclat victorieux que prend tout-à-coup la Vérité au sortir des nuages où elle sembloit s'être perdue, ni la joye de ses Sectateurs fideles qui la revoyent luire à leurs yeux dans une pureté parfaite; ni la confusion salutaire de ses Ennemis, d'Ennemis, que nous devons plus songer encore à gagner qu'à combattre, & que notre Candeur, notre Ingénuité, notre Franchise, pouroient seules peut-être ramener à nous. Oublions, qu'une Opinion peut bien être renversée, mais non pas une Vérité;

* Dans une Conversation sur ce Sujet.

Vérité; que ce qui renverseroit effectivement une Vérité, ne peut à la fin que se trouver faux & illusoire; que moins nous pénétrons l'illusion & la fausseté d'une Difficulté pareille, sur laquelle une imprudente méditation, je veux croire, nous a malheureusement conduits, (qui est, ce que nous appellons une Idée dangereuse, une Idée qu'il faut bien se garder de jamais produire,) plus au contraire il paroît à propos, d'attirer, de fixer sur ce Sujet, l'attention de tout ce qu'il y a de bons esprits dans le monde. Oublions, vous dis-je, ou étouffons ces puissans motifs. Méfions-nous, & de la Vérité même, comme si elle pouvoit courir risque d'être confondue, & de la sagacité de tout le Genre humain, comme si la nôtre en étoit la mesure. Enfin cachons dans quelque abyme notre odieux Secret, pour empêcher qu'il ne transpire.... Si nous le pouvons empêcher, Messieurs.

Mais

Mais la chose n'est point en notre pouvoir, & dans ce cas il est infiniment moins préjudiciable à la bonne Cause que ce soit nous qui ayons parlé. C'est la Raison tranchante & décisive à quoi je m'arrête, pour le présent. Nous reviendrons aux autres avec plus d'avantage par la suite.

Ce qu'un homme pense, un autre le peut penser. Il y a plus: de cela même qu'un homme tombe sur une certaine Pensée, en un genre particuliérement dont il y a beaucoup de personnes qui s'occupent, quelque étrange, quelque écartée des idées communes que soit cette Pensée, il est comme infaillible que bien d'autres la rencontreront. On ne fait point de Découverte, bonne ou mauvaise, que le ton général des connoissances du siecle, & je ne sais quelle disposition des esprits, n'y menent, sans même qu'on s'en apperçoive. Or ces sortes de Rencontres sont encore plus
aisées

aifées en fait de Découvertes fâcheufes ; plus aifées fur des Sujets ouverts à tout le monde, comme font ceux de la Métaphyfique & de la Morale. Jamais on n'a plus penfé, ni plus écrit, fur l'Exiftence de Dieu, fur la Nature de l'Ame, fur la Religion naturelle & révélée, fur la Diftinction du Jufte & de l'Injufte, fur la Liberté, ou le degré de Liberté néceffaire à cette Diftinction. Jamais on n'a plus difcuté les Preuves, plus multiplié les Objections, plus manié, retourné, envifagé les chofes fous des faces différentes.... Et lorfque la fuite de mes Réflexions m'aura conduit à quelque Difficulté redoutable, mais qui n'a point été propofée jufqu'à cette heure, je me flatterai, que d'autres que moi n'ont pas actuellement la même Penfée, ou n'y arriveront pas bientôt ! Je me flatterai, qu'il fuffit de mon filence, pour fauver à une Vérité effentielle, à une Vérité fainte, objet de mes respects, peĉts, une Atteinte, à laquelle j'ai la la témérité de craindre qu'elle ne fuccombât!

Non, Meſſieurs. Si la Difficulté eſt de nature à pouvoir ſcandaliſer l'Homme ſimple, & à précipiter miſérablement dans le mauvais Parti celui qui flotte encore: ſi elle eſt de nature à fonder juſqu'à un certain point les inſultes & le triomphe de l'Impie; c'eſt un malheur dont on peut gémir, mais un malheur, à quoi il n'y a de remede que de la réſoudre, cette formidable Difficulté. D'eſpérer qu'elle demeure lontems cachée, c'eſt folie. Si l'Homme religieux, à qui elle ſe préſente, quelque effort qu'il faſſe, n'en peut démêler luimême la Solution, il faut qu'il implore le ſecours de ſes ſemblables; il faut qu'il parle. Mais non: il s'obſtine à ſe taire…. Eh quoi, bon Citoyen! Un hazard vous a fait appercevoir qu'une partie des murs de la Patrie menace ruine.

ruine. La moindre secousse est capable de renverser tout ce pan de muraille. Vous vous faites un scrupule d'en avertir! „ Le Sénat n'y peut remédier sans „ un éclat dangereux. Le Peuple pren- „ dra l'alarme. L'Ennemi qui n'est pas „ loin, dirigera son attaque de ce côté- „ là. Peut-être le mur ne croulera- „ t-il pas? Peut-être ne croulera-t-il „ pas si tôt? Peut-être que personne ne „ remarquera cet affaissement du ter- „ rein, cette crévasse énorme? „ O l'admirable Zele! & qu'il est accompagné de prudence! Mais si quelqu'un vient à faire cette triste remarque, & que ce soit un traître; un de ces Citoyens perfides ou mal-intentionnés dont la Ville est pleine? Quand l'Ennemi fondra sur nous, sera-t-il tems de prendre les mesures convenables pour la Défense? La terreur du Peuple sera-t-elle moindre? La contenance des Chefs plus assurée?

Avouons-

Avouons-le: la situation que je peins est des plus critiques. Car enfin que le Citoyen fidele se détermine à porter au Sénat sa funeste découverte, à l'avantage près de n'être pas tout-à-fait surpris, le mal demeure presque le même. Le Magistrat, tenté de dissimuler le péril, juge qu'il n'y a pas moyen. La chose éclate: aux premieres attaques de l'Ennemi le mur croule. Si d'avoir le front de soûtenir qu'il n'en est rien, que le Rempart est inébranlable, que la Ville ne peut être forcée, qu'il faut être insensé, ou méchant Citoyen, pour se persuader le contraire; si c'étoit là une Ressource, dans cette extrémité sans doute il seroit commode de s'en servir. En combien d'occasions ne l'a-t-on pas fait contre des attaques d'un autre genre? Ici, il faut vaincre ou se rendre; & dans ce combat qu'on va livrer sur la breche, à cela près, je le répete, que les Chefs, avertis à tems, ont pû faire

faire leurs difpofitions un peu meilleures, la Condition de cette Ville infortunée du refte n'en vaut gueres mieux. Le Mur eft à bas, le Peuple confterné; l'Ennemi plein d'une audace très légitime.

Combien, Meffieurs, l'avantage qu'une Bouche fidelle ait parlé, eft-il plus fenfible, dans le Sujet, que voile & que préfente tout enfemble cette Comparaifon. Un Homme, de créance faine & de mœurs innocentes, un Homme non fufpect propofe avec une extrême retenue, mais avec force, & fans aucune forte de déguifement, une Difficulté, (allons, fuppofons pour mettre tout au pis,) contre l'exiftence de l'Etre fuprême, ou contre l'action de fa Providence. Cette Difficulté, qui ne peut être affurément qu'illufoire, l'eft au point que les Perfonnes éclairées à qui il s'addreffe, ne fauroient, non plus que lui, démêler le Principe féducteur d'où elle découle. Ce font

font gens convaincus qu'on ne fert point la Vérité par le menfonge & par l'impofture. Au lieu de couvrir leur ignorance fous un fatras d'impudentes Déclamations, ils avouent l'embaras où ils font. Ils l'avouent, & prennent le parti de l'expofer au Public, déclarant, proteftant d'ailleurs que la Difficulté peut bien humilier leur efprit, mais non pas étouffer au fond de leur cœur un fentiment naturel, fupérieur à toutes les Difficultés auffi bien qu'à toutes les Preuves. Un Zele aveugle condamne cette démarche pleine de droiture. ,, Il ,, falloit laiffer à d'autres le foin funefte de produire une Idée monstrueufe. ,, A qui? A quelques-uns de ces Encelades modernes, dont l'audace feroit fi légitimement accrue de ce qu'ils appelleroient l'honneur de la Découverte? A quel excès ne monteroit pas leur Orgueil! Combien ils s'applaudiroient de leur merveilleufe Pénétration!

Combien ils insulteroient à notre embaras! Quelles Foudres ils se croiroient en droit de lancer contre les Hommes & contre Dieu! Arrachons, arrachons à l'Ennemi de la Vérité cette cruelle satisfaction. S'il faut que quelque chose paroisse favoriser ses Principes, puisque nous le pouvons, qu'il soit réduit à ne le tenir que de nous-mêmes; de notre Candeur, de notre bonne Foi, encore plus que de notre malheureuse Subtilité. Hâtons-nous, & tremblons qu'il ne nous prévienne.

„ Mais qu'y gagnerons-nous enfin,
„ s'écriera-t-on? L'Impie, s'il a quel-
„ que pudeur, poura nous attaquer
„ d'une façon plus modeste. La Vérité
„ ne sera pas moins détruite. „ La Vérité détruite! C'est à quoi j'avois dessein de revenir. Pensez-vous qu'elle le puisse être? Eh bien! je vous demande d'abord: Qui que ce soit qui ait imaginé une Difficulté fâcheuse, Ami ou Ennemi, n'importe;

porte; quelle sera donc votre ressource, si on la propose une fois? De la résoudre? A la bonne heure. Mais si vous ne le pouvez pas, non qu'elle ne puisse être résolue en soi; car elle le doit être; mais parce qu'elle passe votre capacité, & celle de bien d'autres, & celle même peut-être de votre Siecle? Voilà donc la Vérité détruite selon vous? Ou bien, pour lui prêter une main secourable, il faudra, contre le sentiment de votre Conscience, soutenir que la Difficulté n'est rien, qu'elle ne mérite pas la peine que l'on y pense, que le Mur n'a point croulé; & vous répandre en invectives contre ceux qui jugent la chose plus sérieuse? Ah! si c'est là votre parti, ou vous n'êtes pas, au fond de l'ame, Sectateur d'une Vérité sainte, ou vous n'êtes pas digne de l'être. Pour qui est dans ces dispositions, vraiment oui, il importe peu de quelle part vienne la Difficulté. Que dis-je? Il vaut mieux que ce soit de celle de l'Ennemi. On est toûjours à tems de s'armer d'effronterie & d'impudence. Lorsqu'on en est réduit là, au moins ne trouve-t-on pas l'inconvénient d'un témoignage incommode, dans l'aveu d'une Bouche sincere.

C'est sur ce Motif, que j'ose défier ceux qui décident si cruement, „ qu'il „ n'y a que des Ennemis de la Vérité „ qui puissent produire & détailler con- „ tre elle des Objections d'une certaine „ force; „ Oui, c'est sur ce Motif que j'ose les défier, Messieurs, d'en alleguer une raison qui ne décele la plus insigne mauvaise foi. Je leur demande, si donc on n'a jamais fait, en matieres de Religion ou de Morale, des Difficultés, qui sans être insolubles en elles mêmes, l'ayent été pour les Personnes à qui on les fesoit, ou même pour le Siecle où on les fesoit. On ne s'avisera pas de répon-

répondre que non: la chose est trop notoire. J'insiste, & je demande encore, s'il est impossible qu'il s'en trouve de pareilles pour notre Siecle, & dans le cas qu'il s'en trouvât, le parti qu'il faudroit prendre; en convenir bonnement, ou dissimuler son embaras à l'aide de tous les Artifices imaginables? ,, Con-
,, venir qu'on ne peut résoudre une Ob-
,, jection contre une Vérité de cet or-
,, dre! Les Conséquences sont terri-
,, bles. ,, ... Ah! je vous entens. Je n'ai plus qu'une question toute simple à faire: un peu de sincérité, je vous en supplie. Un Dieu, une Morale, une Religion, à votre avis sont-ce-là des Vérités? Ou par hazard, sublimes Génies, sauriez-vous que ce ne sont que d'heureuses Illusions dans lesquelles il faut entretenir les Hommes? Eh! de grace mettez-moi du secret. Je ne promets pas de vous prêter ma voix; mais un

silence dont vous aurez lieu d'être contens. Pour moi qui ai la simplicité de croire que le fond de tout cela est véritable, je m'inquiete de ce qui peut y nuire; j'essaye d'ajuster ce qui fait peine à mon Esprit, & plus encore à mon Cœur; je réussis quelquefois à me satisfaire, & à satisfaire les autres, quelquefois je me tourmente sans beaucoup de fruit. D'obliquités & de détours, quoiqu'il arrive, je ne me persuaderai jamais d'y avoir recours, pour soûtenir ce que je saurois n'être qu'une Erreur; bien moins ce que j'estimerois un Dogme saint & respectable.

Laissons ces gens-là.... Reprenons, Messieurs. ,, La Vérité, s'écrie-t-on, ,, sera détruite. ,, Si elle est telle, si c'est bien réellement une Vérité; (je retombe, & retomberai toûjours sur ce point:) elle ne peut être détruite; il faut prendre patience; la Solution de la Difficulté vien-

viendra, & la Vérité n'en recevra qu'une plus puissante confirmation. Si ce n'est qu'une Opinion, pour sacrée qu'elle soit, il n'y a qu'à se réjouir de la voir confondue, anéantie; & se réjouir à proportion qu'elle est tenue pour sacrée, c'est-à-dire à proportion que l'Erreur sembloit devoir être insurmontable. „ Mais quoi? n'y a-t-il point „ d'Erreurs utiles, objectera-t-on? „ La question est très à propos de la part de ces Déclamateurs politiques, qui ne défendent gueres les Vérités-mêmes que sur le pied d'Opinions utiles. Je viens de les écarter; ils se retrouvent à chaque instant sur la route. Je leur répondrai donc, que s'il y a de telles Erreurs, je n'en sais rien. Ce que je sais, c'est qu'en ce cas elles tiennent la place de Vérités qui certainement seroient plus utiles encore, & qu'il est nécessaire de rétablir dans leurs droits. Je jette les yeux sur tout ce qu'il y a de Connoissances absolument incontestables, & qui ne sont en effet point contestées. Parmi la foule de cette sorte que nous offrent l'Arithmétique, l'Analyse, la Géométrie, l'Astronomie, la Mécanique, l'Optique, enfin toutes les parties des Mathématiques, j'en vois un très grand nombre d'une utilité immense; pas une seule qui approche de nuire à quoi que ce soit. Là dessus je ne puis me mettre dans l'esprit, que ce qui est vrai soit de nature à être nuisible, si ce n'est en matieres de Faits, où la découverte du Vrai peut quelquefois préjudicier, ou à des Particuliers, ou même à des Sociétés entieres, toûjours avec une compensation avantageuse à l'égard de quelques autres Sociétés, ou de quelques autres Particuliers; jamais par conséquent à la Société en général. Encore est-il visible que les Vérités de fait sont dans un cas fort différent des Vérités immuables & éternelles, entre lesquelles on peut

défier

défier d'en trouver une seule le moins du monde préjudiciable.*

Ce Principe posé, il s'enfuit, Messieurs, que la destruction d'une Opinion fausse ne sauroit nuire en rien, non plus que la destruction de quelque fausse Preuve d'une Vérité, puisque détruire une fausse Preuve ou une fausse Opinion,

c'est

---

* Par exemple, peut-on demander; cette Vérité, *l'Homme est sujet à bien des maux,* n'est-elle pas des plus fâcheuses? Il ne faut rien confondre. Cette Vérité est fâcheuse; mais elle n'est point préjudiciable. Ce n'est point elle qui fait le mal; elle le suppose. Au lieu que cette Proposition, *il n'y a point de Morale, point de Devoirs des Hommes les uns envers les autres, point de Loix à observer,* si elle étoit vraye, seroit une Vérité très douce & très commode au premier aspect. Mais combien les suites en seroient ameres pour une Société, qui conviendroit d'agir en conséquence? Une pareille Vérité, reconnue pour telle, causeroit, je dis causer effectivement & au pied de la lettre, tous les Malheurs, & tous les Désordres, que ne fait qu'exprimer cette Proposition, hélas! trop vraye; *l'Homme est exposé dans la vie à bien des maux.*

c'eſt établir une Vérité contraire; échange, où il n'y a qu'à gagner. Il eſt donc certain que nous ne devons nous inquiéter, ni des Opinions, ni des Preuves, en tant qu'Opinions ou Preuves. La Vérité, la ſeule Vérité mériteroit nos alarmes, ſi elle n'étoit beaucoup au deſſus. En ſommes-nous une fois en poſſeſſion par un ſentiment bien vif? C'eſt alors que nous pouvons nous vanter de défendre une Cité inébranlable; & qui ne peut être forcée. Les Remparts pouront crouler. S'ils tombent, ayons la bonne foi d'en convenir. Qu'y perdons-nous? Ils ne feſoient qu'offuſquer un Edifice à quoi ils étoient inutiles. Une Machine s'éleve, une Difficulté formidable, qui ſemble devoir ébranler la Vérité même, la foudroyer, l'écraſer; ou plûtôt en la laiſſant bien entiere, qui ſemble devoir nous en intercepter la vûe, la faire diſparoître; ce qui ſeroit pour nous comme ſi elle étoit détruite. Le
péril

péril est-il à ce point? Examinons-bien. Nous verrons que nous ne devons nous en prendre qu'à nous-mêmes. C'est notre faute: c'est que nous aurons placé auprès de cette Vérité sainte quelque faux Préjugé, quelque Opinion, quelque Erreur, d'où partent, comme d'un lieu avantageux, les traits qui sont lancés contre elle. Peut-être aussi avons-nous négligé de faire la recherche de quelqu'autre Vérité non moins importante qui tient à celle que l'on attaque, & qui en seroit le plus naturel boulevard; ou, pour me servir d'une figure plus commode, qui jetteroit sur elle un jour propre à dissiper les ténebres dont on vient l'environner. N'en doutons point: lorsqu'il se présente une Difficulté, qu'on a comme lieu de croire insoluble, contre une Vérité constante, (& rien n'a été plus commun depuis qu'il y a une Philosophie au monde;) c'est une preuve infaillible, ou du manque de quelque Connoissance essentielle, ou de quelque vice dans les Principes reçus. C'est le foible du Siecle ou du Pays; c'est le foible des Hommes, & non de la Vérité. Il faut donc démêler ce Vice; il faut chercher ces Connoissances qui manquent. La découverte sera le fruit de la Difficulté proposée, & la Solution de la Difficulté le fruit de la découverte. Admirable enchaînement! Mais pour cela il est nécessaire que la Difficulté soit proposée, & qu'elle soit proposée avec force, sans rien dissimuler, sans rien exténuer. Pourquoi ne voudroit-on pas qu'un sincere & religieux Ami du Vrai se chargeât de ce soin, qu'un Ennemi prendroit tôt ou tard, & qu'il feroit payer bien cher; par les insultes qu'il en faudroit essuyer, dans le triomphe de son Audace?

Je trouve ici, Messieurs, la Réponse à une Objection que l'on m'a faite.

,, Si

,, Si c'est, m'a-t-on dit, un Homme
,, décrié, un Impie reconnu pour tel, qui
,, propose une Difficulté redoutable en
,, foi, l'impression que la Difficulté fera
,, sur les esprits sera bien moindre, que
,, si c'étoit une Personne respectable, ou
,, quelqu'un dont on n'eût point lieu de
,, se méfier. ,, ... Eh quoi! Vouloir
toûjours que l'illusion entre pour quelque chose dans la défense de la Vérité!
Il ne s'agit point de quelle part une Difficulté vient; il s'agit de ce qu'elle est.
Pourquoi voulez-vous qu'elle soit réputée frivole, si elle ne l'est pas; & si loin
de l'être, elle mérite la plus sérieuse attention? Où est la Candeur, de souhaiter dans l'ame qu'on la soupçonne de
mauvaise foi, qu'on s'en méfie, comme
d'une pure subtilité d'un Adversaire dont
les intentions ne sont point droites? tandis qu'elle est de nature à causer le plus
légitime embaras; tandis qu'elle est si
solide & si réelle, ou du moins qu'elle
tire

tire des Principes reçus un tel degré de force, qu'il est à craindre qu'elle ne passe la capacité de votre Siecle? Ne passe-t-elle point la vôtre? Eh bien! couronnez-vous de gloire; résolvez-la. Si vous ne pouvez en venir à bout, souffrez donc que l'impression qu'elle a droit de faire sur les esprits, serve d'aiguillon, pour exciter à la recherche de ce Vice dans les Principes, de ces Préjugés, qui, joints à une Vérité sainte, donnent à l'Erreur un avantage si prodigieux.

Pesez bien, je vous supplie, Messieurs, ce que je vais avoir l'honneur de vous dire. C'est une nouvelle raison pourquoi il est infiniment à desirer selon moi, qu'une Difficulté de quelque conséquence parte d'une main Amie, plûtôt que d'une main Ennemie. On conviendra, qu'on ne peut apporter une égalité d'esprit trop parfaite à des Recherches aussi épineuses & aussi délicates,

tes, que celles qu'exige une Difficulté vraiment considérable. Je demande: Qu'est-ce donc qui y sera le plus propre, ou d'une discussion tranquille avec quelqu'un qui partage notre embaras en le causant, & en gémit comme nous, ou d'une dispute aigre, tumultueuse, contre un Adversaire, que l'embaras même où il nous met rend triomphant? La Défensive est toûjours une situation fâcheuse, qui ne peut gueres que faire sortir de son assiette naturelle l'Ame la mieux constituée. Je ne sais quel trouble qui l'accompagne, dispose sans même qu'on s'en apperçoive aux Sentimens timides, lesquels, comme on ne l'ignore pas, sont rarement en harmonie avec les Sentimens nobles & généreux. L'Homme le plus juste s'y surprend capable d'injustice; le plus droit & le plus franc, tout prêt à recourir à de petites impostures, ou à des détours & à des obliquités indignes de lui. Que sera-ce, si de soi-même on n'est déjà pas d'une attention fort scrupuleuse sur l'article de la Franchise & de la Droiture; qualités si peu communes? Que sera-ce, si l'amour-propre est encore poussé à bout par l'insultant orgueil de l'Adversaire? On songe alors à cacher, à déguiser son ignorance, bien plus qu'à éclaircir ou défendre la Vérité. Et que ne se permet-on pas dans des extrémités aussi pressantes! Philosophes, Théologiens de toutes les Sectes, on ne sauroit trop vous le reprocher, vous avez donné les exemples les plus honteux en ce genre, & les répéterez dans tous les siecles. C'est le Vice de l'Humanité. Que si pourtant quelque chose en peut sauver l'odieuse récidive en des occasions particulieres, lorsqu'il s'agit de Difficultés accablantes qu'il faut chercher à résoudre, (terrible écueil!) c'est assurément, que bien loin que ce soit à un Ennemi déclaré qu'on ait affaire, ou à

un

un Homme suspect, celui qui propose ces Difficultés, ne cesse de témoigner en même tems le plus profond respect pour les Vérités qu'elles attaquent : que la peine & la répugnance qu'il souffre, se manifestent dans tout son langage, dans ses tours & dans ses expressions ; qu'on voye, à n'en pouvoir douter, qu'il ne se charge de cette triste fonction, que pour en arracher à d'autres l'abus, & pour procurer des éclaircissemens qui paroissent indispensables : qu'enfin cet Homme, Messieurs, ne néglige point de joindre, à une démarche dont le Préjugé s'effarouche, les protestations nécessaires en pareils cas ; non, s'il vous plaît, non de ces protestations froides & politiques, à la façon d'un Bayle & de ses semblables, où la fraude perce l'enveloppe d'une indigne ironie ; mais de ces traits que l'esprit ne commande point, que le cœur & le sentiment seuls peuvent dicter....

Que s'il étoit possible surtout, que ce fût quelqu'un, dont le zele & la probité fussent d'ailleurs suffisamment connus; quel prétexte resteroit-il de recourir en faveur des plus saintes Vérités, à des voyes qui ne conviennent pas même à la Superstition & à l'Erreur, ou qui ne conviennent qu'à elles?

Saisissons donc ce Point de vue; il est décisif. De quelque part que vienne une Difficulté; (& l'on doit compter que tôt ou tard elle viendra; tôt ou tard elle se produira; cela est inévitable:) quelque main qui la présente, amie ou ennemie, l'intérêt sacré de la Vérité, & les loix inviolables de la Candeur, deux puissans motifs, exigent un prompt & sincere aveu de l'embaras qu'elle cause. Si elle est proposée de maniere à ne point alarmer trop les esprits, & ce qui est plus essentiel encore, à ne point trop compromettre la suffisance des grandes Lumieres du siecle,

il

il est à présumer que ce double motif aura son effet. Mais si c'est un Adversaire, furieux, insolent, qui prétende s'en servir comme d'un Foudre pour tout écraser, pour tout confondre, la tentation sera sans doute des plus violentes, de recourir à l'Effronterie, à la mauvaise Foi, à l'Imposture, aux Subtilités misérables, à ce qu'il y a de plus capable de déshonorer & les Défenseurs de la Vérité & la Vérité-même. Quel scandale! Quelle honte! Et la pente n'est déjà que trop glissante. Au nom de Dieu, Messieurs, qu'y a-t-il donc de plus desirable, que de pouvoir d'un même coup, & arracher à l'Impie son odieux triomphe, & soustraire ceux qui se piquent d'un Zele religieux, (quel Zele!) n'importe, les soustraire, dis-je, à l'infamie de ces Procédés? Lorsque l'heureuse occasion s'en présente, un Homme de bien peut-il ne la pas saisir? N'est-il pas même, par principe

de

de confcience, dans l'étroite obligation de la faifir? C'eft ma Thefe, amenée, fi je ne me trompe, dans un jour tout-à-fait fatisfefant.

Mais que répondre aux cris qui s'élevent, „ qu'il y a un rifque infini à lé-
„ gitimer de la forte une démarche, qui
„ ne va pas moins, qu'à prêter des ar-
„ mes à l'Irreligion & au Pyrrhonif-
„ me? „ Expliquons-nous de grace. Faute de s'entendre, cette façon d'envifager la chofe peut caufer une illufion fâcheufe. Ce n'eft, Meffieurs, qu'un vain Fantôme.

Je ne connois que deux manieres dont un Partifan d'une bonne Caufe puiffe prêter des armes aux Antagoniftes qu'il doit combattre. La premiere, eft lorfque par l'emploi des méchantes Raifons, des Faux-fuyans, des Subterfuges, on donne lieu de penfer qu'on ne croit pas foi-même que la Caufe que l'on défend foit bonne; ce qui fait toûjours

jours plus d'impreſſion ſur l'eſprit des Contrediſans, que leurs propres Difficultés. La ſeconde, eſt lorſqu'on joint à une bonne Cauſe un acceſſoire vicieux, comme ſeroit quelque préjugé, ou quelque faux principe qui donne priſe contre elle à l'Adverſaire. S'il y en a une troiſieme, on me fera plaiſir de me l'apprendre : & peut-être n'aura-t-on pas le front de compter pour telle, par exemple, la ſimplicité d'avouer pour vrai ce qu'on ſauroit être vrai effectivement. Il eſt ſûr que ſi l'on ne défendoit qu'une Erreur, on ne manqueroit pas de s'enlacer par là, de façon à ne s'en pouvoir ſauver. Mais il eſt ſûr auſſi qu'en ce cas on n'auroit qu'à ſe féliciter de ſa défaite, puiſque pour fruit, ou de cette heureuſe ſimplicité, ou de la louable candeur avec laquelle on auroit agi, on ſe verroit ramené par ſa défaite-même au parti de la Vérité. Pour ce qui eſt de celui qui défend bien réellement une

Vérité,

Vérité, il ne peut jamais être dans le cas de nuire à fa Caufe en convenant d'un Principe vrai. Il n'y a donc très certainement que les deux manieres dont j'ai parlé. Or de ces deux manieres, ni l'une ni l'autre, remarquez, je vous en conjure, n'a lieu dans la démarche que je juftifie: toutes deux, Meffieurs, toutes deux, (chofe admirable!) fe rencontrent à la fois dans le reproche qui la condamne.

Toutes deux fe rencontrent dans le reproche qui la condamne: cela faute aux yeux. On veut qu'il ne foit pas permis de produire une Difficulté à laquelle on n'entrevoit aucune réponfe, & qu'on juge dèslors très redoutable. Mais d'où, s'il vous plaît une Difficulté peut-elle tirer ce degré de force? Nous l'avons dit cy-deffus: ce ne peut être que de quelque vice dans les Principes. Dans quels Principes? Dans les Principes reçus, autorifés, avoués généralement,

ou

ou du moins autorisés & avoués par le gros de ceux dont la créance fait loi. Car il est visible, que si la Difficulté ne portoit sur quelque chose de pareil, elle ne seroit point Difficulté, ou ne le seroit que pour le petit nombre de personnes qui avoueroient les Principes sur quoi elle porte. C'est donc à dire qu'il y a du faux mêlé à la Vérité que l'on professe, & un faux dont il est facile à un Ennemi attentif de se prévaloir. Ne voilà-t-il pas la seconde des deux manieres de prêter des armes contre une bonne Cause? L'autre n'est pas loin. Nous en tenons le germe dans cette lâche timidité, qui veut éviter la recherche d'un Vice dangereux, d'un Préjugé, d'une Erreur même dans les Principes reçus; qui veut attendre les dernieres extrémités où des attaques pressantes rendront cette recherche indispensable; & qui par conséquent, avant d'en venir là, avant de consentir à entrer dans cette recherche si nécessaire, est bien résolue de chicaner le terrein par toutes les voyes & par tous les artifices imaginables. Que la Difficulté paroisse enfin : vous verrez paroître aussitôt dans tous ses développemens cette mauvaise Foi insigne, qui a flétri tant de prétendus Sages, depuis qu'on fait métier de Sagesse parmi les hommes; ces odieux Détours; ces Subtilités détestables; ces Indignités revêtues du nom de Fraudes pieuses, quand il s'agit du plus respectable de tous les objets, la Religion ! qui devroit en inspirer le plus d'horreur. Et quelle autre ressource, lorsqu'on est engagé par état à maintenir sur le même pied des Opinions incompatibles; des Vérités & des Erreurs, dont l'association funeste ne peut qu'être un éternel sujet de Confusion !

Combien la démarche que je recommende, est-elle éloignée de ces excès !

Qu'on s'en faſſe un devoir ſur les Motifs que j'ai touchés; ce ne ſeront aſſurément point les Procédés obliques, qui donneront jamais matiere à aucune ſorte de reproches. La Candeur, la Droiture, la Sincérité en ſont l'ame; & plût-à-Dieu, Meſſieurs, que de pareils exemples, plus fréquens, puſſent ſervir à ramener à nous les Ennemis de la bonne Cauſe, en nous méritant leur confiance! Mais auſſi ne diſſimulons rien. N'eſt-il point à craindre, qu'un exercice outré de ces qualités, en ſoi ſi dignes d'eſtime, ne mene à un excès contraire? Pour ſe trop piquer de franchiſe, ne pouroit-on point tomber dans l'inconvénient de nuire à la Vérité d'une autre façon, comme ſeroit d'accorder à l'Impie des points très conteſtables, desquels ſeuls réſulteroit une Difficulté fâcheuſe? Eh! comment cela ſe pouroit-il? Ne prend-on point garde, que dèslors la Difficulté, encore un coup, n'en

ſeroit

seroit point une; du moins pour le Public, qui n'y verroit rien sur quoi il fût assez généralement d'accord? Je ne me lasserai point de le redire. Une Difficulté vraiment formidable, telle que celle qu'on supposeroit capable de déconcerter les meilleurs esprits d'un siecle, & de nature à être jugée comme insoluble; non, une pareille Difficulté, sans doute, ne peut jamais venir que d'un vice dans les Opinions autorisées. Ce n'est donc point celui qui la propose qui la fait ce qu'elle est; elle est bien telle sans lui. Et si de plus, conformément à mon intention, celui qui la propose s'y détermine par zele; tant s'en faut, qu'il soit dans le cas d'accorder par là quoi que ce soit de trop à l'Ennemi, ne voit-on pas, qu'au fond-même il n'accorde rien du tout? Qu'accorderoit-il, puisque par une sage méfiance, il veut qu'on remette au plus sérieux examen tout ce qui concerne la Difficulté,

culté, de près ou de loin; puisqu'il eſt le premier à crier, qu'infailliblement il y a un faux caché, ſi ce n'eſt dans les déductions, abſolument donc dans les principes; puiſqu'il exhorte à en pouſſer la recherche avec ardeur; & qu'enfin, il demande qu'on porte à cette recherche une généreuſe diſpoſition.... A quoi? A ſacrifier ſans répugnance, ou à tenir dorénavant pour ſuſpect, ce qui ſe trouvera préjudicier à la Vérité eſſentielle, quelque autoriſé que ſoit d'ailleurs cet acceſſoire dans l'Opinion des hommes. Y a-t-il là le moindre risque d'être entraîné, Meſſieurs, par les ſuites d'un aveu téméraire, à de pernicieuſes Conſéquences?

Qu'ainſi donc on ſe garde bien de répéter une imputation injurieuſe, qui ne convient qu'à ceux-mêmes qui la font. Où ſont-elles ces armes prêtées au parti de l'Erreur? où ſont-elles, je vous prie, que dans la timide Politique, dont la maxime

xime que je défens est le juste contrepied? „ Oui : mais cette Politique, res-
„ te-t-il à me dire, (Politique, hélas!
„ il faut l'avouer, aussi foible que mal-
„ heureuse,) c'est l'imbécillité du Peu-
„ ple, c'est la malignité de l'Esprit hu-
„ main, qui la rendent comme néces-
„ saire. Celle-ci empoisonne tout, cel-
„ le-là s'alarme de tout. Quel reme-
„ de?... „ Ah! je ne prétens point,
je vous assure, Messieurs, qu'avec les
plus pures Intentions du monde & les
Précautions les plus sages, nous puissions échapper aux traits de la Calomnie.
Si le grand Descartes, le premier mortel qui ait approché de parler de l'existence de Dieu & de la spiritualité de
l'Ame, d'une façon un peu raisonnable;
si le pieux Malebranche, qui a marché
avec succès & avec applaudissement sur
ses traces; si tant d'autres Philosophes
religieux n'ont pas laissé d'être noircis
par d'odieuses accusations, attendons-
nous

nous à rencontrer comme eux sur la route plus d'un Voet, plus d'un Arnaud, qui nous feront ressentir leurs coups.* Pourquoi présumerois-je mieux de notre siecle? Ho non! Que nos Contemporains soyent ce qu'ont toûjours été les Hommes, nous ne pouvons l'ignorer après mille épreuves journalieres, & celle qu'en fait en particulier sous nos yeux notre illustre Chef.** Mais je ne croirai

* Voet, ou Voetius, fameux Théologien d'Utrecht, Chef de la Secte des Voetiens qui subsiste encore en Hollande, accusa Descartes d'Athéïsme, & se porta contre lui à une fureur, & à des indignités atroces. Arnaud, très célebre Docteur de Sorbonne, ne rougissoit point d'accuser d'impiété & de Spinosisme le Pere Malebranche, qu'il n'entendoit pas; ou, ce qui est le pis, qu'il affectoit de ne pas entendre: car la bonne foi n'est point la qualité qui éclate dans les Écrits de ce Docteur.

** M. de Maupertuis, comme l'on sait, a trouvé ses Voets, &, au mérite près, ses Arnauds, qui ne l'ont point épargné au sujet

de

croirai point, je vous en ai prévenus d'avance, non je ne croirai jamais qu'où l'intérêt de la Vérité commande, de finceres Zélateurs de la Vérité trouvent rien qui les arrête; fi du refte ils jouiffent d'une Liberté fuffifante; s'il ne s'agit après tout que de vaines Déclamations, dont il eft aifé de confondre l'impofture par des Procédés irréprochables. Les Procédés dependent de nous, de notre probité, de notre bonne foi. Le bonheur de n'être en butte qu'à d'impuiffans difcours, nous le devons à la Protection augufte d'un Monarque, dont le fceptre tient la balance égale entre tous les Partis; & ne pefe que fur la fougueufe Intolérance.

Pour de fon excellente Differtation *fur les Preuves de l'Exiftence de Dieu tirées des Merveilles de la Nature*. Leur acharnement étoit dans fa fureur au tems de ce Difcours. Ceci fefoit allufion à ce qui en avoit été dit, entermes plus exprès, dans le Morceau retranché cy-deffus, dont j'ai parlé page 168.

Pour ce qui concerne le risque de causer du scandale parmi la Multitude toûjours prompte à s'alarmer, c'est un autre inconvénient que je ne dissimulerai point non plus. Je le crois même sans contredit, Messieurs, plus digne de notre attention que le précédent. Nous sommes les maîtres de nous exposer, selon l'étendue de notre zele, autant que nous le jugeons à propos. Nous ne le sommes point de manquer de ménagement & de condescendance pour la foiblesse des Peuples. Le zele alors ne sauroit être trop circonspect. Il est vrai, Que s'ensuit-il pourtant? Ce ménagement & cette condescendance ont assurément des bornes, que la Circonspection la plus exacte est obligée de franchir en bien des cas. Il n'est question que de savoir si celui que je propose n'est point du nombre.

Je reprens la comparaison dont j'ai déjà fait usage; l'exemple de ce Citoyen fidele, qui remarque une partie confidérable du Rempart prête à crouler, & cela dans le tems-même où l'on fait que l'Ennemi s'approche. Certes l'avis qu'il en donnera, & les difpofitions que le Magiftrat devra faire en conféquence, ne pouront que répandre la plus vive alarme, & la plus dangereufe dans une conjonĉture pareille. Il n'y aura Femme, Enfant, Vieillard, Citoyen bien ou mal intentionné, qui n'en foit inftruit, & qui dèslors ne frémiffe du péril, ou ne s'en prévale. Cependant, fi c'étoit un malheur prefque inévitable; s'il étoit comme impoffible que quelqu'un, foit du dedans, foit du dehors, ne vînt d'un inftant à l'autre à s'appercevoir de l'état du Mur; la crainte de jetter la Ville dans un trouble affreux, feroit-ce donc une raifon de fe taire en cette rencontre? Quoi! il conviendroit, Meffieurs, de fe repofer fur une frivole efpérance, au point de priver la Patrie des reffour-

ces

ces que l'on trouveroit peut-être, si les Chefs étoient informés à tems? Etrange circonspection! ménagement funeste & insensé!... Mais ne voyez-vous pas, qu'à cet égard, les Parités, & jusqu'aux Disparités-mêmes, sont encore les plus avantageuses à mon sujet?

Premierement l'éclat sera beaucoup moindre. Car au lieu, comme nous venons de le dire, qu'il n'y aura personne dans cette Ville qui ne soit instruit du malheur dont elle est menacée, à peine un homme sur mille entend-il parler d'une Difficulté de Métaphysique, & de ceux qui en entendent parler très peu sont en état d'en sentir la force.

En second lieu, le péril de l'éclat doit-il seulement entrer en comparaison? Il ne s'agit pas moins pour cette Ville infortunée, que d'être saccagée, détruite, tandis que la Vérité ne peut tout au plus souffrir qu'une atteinte pas-
sagere,

fagere, d'où infailliblement elle fe relevera triomphante tôt ou tard. Et même c'eft qu'il ne faut pas croire, que jusques-là l'effet de la Difficulté la plus redoutable foit jamais de lui enlever grand nombre de Sectateurs. L'expérience montre, qu'il n'y a que des efprits déjà fort inclinés vers le parti de l'Erreur, qui foyent fufceptibles d'impreffions fi décidées.

En troifieme lieu, l'utilité de l'éclat, quelqu'il foit, eft dans ma Thefe d'une toute autre importance. Je l'ai trop amplement prouvé pour avoir befoin d'y revenir. Il fuffit de vous remettre en quatre mots fous les yeux, qu'elle confifte, cette utilité; à procurer à la Vérité des éclairciffemens indifpenfables; à la dégager de quelque faux acceffoire qui eft uniquement ce qui peut donner prife contre elle; à fauver à fes imprudens Défenfeurs l'occafion de fignaler une mauvaife foi, dont la honte retomberoit

beroit fur elle même; à prévenir l'audace de fes Ennemis, & à les regagner, s'il eſt poſſible, par l'exemple d'une louable candeur: au lieu que par rapport à cette Ville, tout l'avantage ſe réduit à ce que le Magiſtrat, moins ſurpris, moins déconcerté, puiſſe prendre des réſolutions conformes à une Situation ſi accablante.

En quatrieme lieu, la probabilité de l'éclat, c'eſt-à-dire la vraiſemblance que la choſe éclatera de maniere ou d'autre, eſt infiniment plus grande dans notre ſujet. Penſons à ceci. Le danger qu'il y a pour cette Ville, qu'on ne s'apperçoive du mauvais état de ſon Rempart, ne vient que de la circonſtance d'une guerre actuelle. Sans la préſence de l'Ennemi le mal feroit peu de choſe. La probabilité eſt donc renfermée dans un tems, comme dans un lieu fort limité. Mais celle qu'on s'appercevra d'une Difficulté qui attaque les Princi-

P 3   pes

pes fondamentaux de la Religion & de la Morale, cette probabilité ne s'étend-elle pas à tous les pays & à tous les siecles? La Cité de Dieu, (pour me servir, Messieurs d'une expression qui ne sauroit être étrangere à cette Académie, après que le grand Leibnitz, notre premier Fondateur, en a fait usage plus d'une fois,) la Cité de Dieu a une guerre éternelle à soûtenir contre les Ennemis de la Vérité. Ce qui est une fois à craindre pour elle dans cette guerre, l'est partout, l'est toûjours. Le moyen de s'imaginer, que ce qu'un Homme veut bien taire, mille autres ne le révéleront pas un jour!

Enfin une cinquieme & derniere considération, c'est que la cause immédiate de l'éclat qui va plonger dans le trouble cette malheureuse Ville, ce sont les dispositions-mêmes que le Magistrat devra faire en conséquence de l'avis, au lieu que ce ne sont point les discussions nécescessaires pour l'éclaircissement d'une Difficulté, qui jetteront l'alarme dans les Consciences. En soi, il ne seroit pas impossible qu'on agitât le tout, je dis publiquement & par la voye des Ecrits, sans qu'il en transpirât rien parmi le Peuple. Il est un ordre de choses propres à rouler aux yeux de la Multitude, sans attirer non plus ses regards que le spectacle de l'Univers. Un Phénomène surprenant, s'il n'est accompagné de bruit & d'éclairs, n'est apperçu que d'un fort petit nombre de personnes. Un Orage au contraire tient tous les esprits en suspens. Mais qui les excite, les Orages dans le monde Philosophique & Théologique, & qui en fait retentir les coups jusques dans le monde Politique, si ce n'est vous-mêmes; Faux Zélés, que j'ai combattus dans tout ce Discours? Jamais un Vanini; un Hobbes; un Spinosa; un Collins; jamais Bayle, ce *Jupiter assemble-nuées*, ainsi qu'on l'appelloit, & tous les Ennemis de la Vérité réunis, n'ont causé autant de fracas que les cris de ceux dont je parle. Ce sont eux qui apprennent au Peuple qu'on a pensé ceci, qu'on a soûtenu cela. Ils proscrivent une Opinion; on la veut connoître. Ils condamnent un Livre au feu; de ce moment chacun le veut lire. Voilà, Messieurs, voilà à qui il faudra s'en prendre du scandale, & non à l'Homme religieux qui proposera ses Difficultés de la maniere que j'ai prescrite.

J'ajoûte un puissant Motif qui n'a rien de commun avec la comparaison précédente. La foiblesse du Peuple demande des égards sans doute: mais ses Erreurs & ses Superstitions n'en méritent aucun, & n'en doivent recevoir que le degré précis que sa Férocité rend indispensable. Lors donc que cette Férocité naturelle est domptée par une main habile, & que l'on voit la Multitude amenée au

point

point de pouvoir sans trop de risque être dressée à des Opinions plus saines. (Hélas! oui, très certainement *dressée*; car la créance du Vrai, aussi bien que celle du Faux, n'est, & ne fut jamais qu'une affaire de routine & d'habitude par rapport au gros des Hommes!) Alors, dis-je, il n'y a plus lieu à d'autres ménagemens, qu'à ceux d'une douce insinuation, & d'une conduite pleine de sagesse. Alors cet accessoire vicieux joint aux Vérités essentielles doit disparoître. Alors les Superstitions & les Erreurs ne sauroient plus obtenir qu'un respect criminel. C'est le tems de travailler avec succès à guérir le Peuple, si ce n'est pour une plus haute perfection de ce Peuple-même, à qui, je l'avoue, tout est assez indifférent; au moins pour celle des excellens Esprits, qui, sans cette heureuse révolution, ne cesseroient de se voir misérablement gênés par les Préjugés publics. Il faut, ou m'accorder ce que j'avance, ou retomber dans le Principe odieux; *qu'on doit maintenir les Opinions une fois reçues, quelles qu'elles soyent:* Principe qui éterniseroit chez les Nations les Dogmes les plus absurdes & les plus abominables. Or comme des Difficultés du genre que nous supposons, décelent infailliblement encore un coup, un Faux, & un Faux pernicieux, dans les Opinions accréditées; il est donc incontestable qu'on est dans le cas, où ce seroit pousser la condescendance trop près de la lacheté, & jusqu'à une sorte de perfidie, que de se taire par égard pour une Multitude aveugle, quand il seroit certain, ce qui n'est pas, que cette Multitude devroit s'en alarmer beaucoup.

Pour Conclusion, j'en reviens, selon que je me le suis proposé, Messieurs, à ce point; Que s'il est démontré, comme il me paroît l'être, qu'un Homme religieux, peut, & doit même en conscien-

ce,

ce, produire les Difficultés qui s'élevent dans son esprit contre des Vérités très saintes, la chose est par conséquent bien hors de doute, lorsqu'il ne s'agit que de discuter des Preuves. O que celles-ci méritent peu de considération la plûpart du tems, en quelque genre que ce soit! Tant il y a loin entre posséder une Vérité, & la posséder sur des titres légitimes! O qu'il seroit à souhaiter, pour l'intérêt de la Vérité-même, qu'une bonne fois on voulût faire raison à ceux que l'on appelle *Impies* ou *Pyrrhoniens*, de tout ce qui s'est dit contre eux sans aucune sorte de fondement, & qui se répete de siecle en siecle avec une honte toûjours nouvelle: „ C'est à quoi je dé-
„ clare, que j'ai depuis lontems dessein
„ de m'employer; mais de maniere as-
„ surément à dispenser nos prétendus
„ Esprits-forts de m'en avoir obliga-
„ tion. „ Et ce qui me détermine à vaincre enfin mes Répugnances, & à

trancher

trancher tous les Délais, (Répugnances & Délais, il n'est pas inutile d'en avertir, de dix-huit années entieres;) c'est de voir que le germe de plusieurs de mes Idées perce de jour à autre depuis un tems, & qu'il ne faut plus qu'une légere attention pour les saisir. Résolu donc à les développer de la façon que je crois convenable, je desirerois vous avoir pour premiers Juges dans la partie de l'entreprise qui est du ressort de cette Académie. Votre Sagesse, votre Prudence, Messieurs, fixeroient le cas & l'usage que j'en dois faire.

EXPOSITION
DE
QUELQUES PROCÉDÉS.

Je continue à faire passer sous les yeux du Lecteur les Pieces qui servent comme de préliminaires au corps de mon Ouvrage. Au lieu de rassembler les Faits & les Réflexions qu'elles contiennent dans une longue Préface qui eût couru risque de n'être point lûe, il m'a paru plus convenable de les disperser de la sorte, & de les présenter à mesure que l'intérêt s'accroît, ou qu'il est supposé s'accroître. Si l'on m'en sait gré, j'ose demander pour ce Morceau-ci une attention particuliere.

Quand plusieurs Essais que j'ai déjà donnés de mon Ouvrage, n'auroient point prévenu les esprits sur le Caractere que j'y prétens soûtenir d'un bout à l'autre; d'Homme religieux, mais à qui la

Religion

Religion la plus sincere n'interdit point ce que la plûpart des gens, esclaves timides de l'Opinion, appellent des Hardiesses & des Libertés dangereuses ; le Titre seul de *Vûes philosophiques*, de *Protestations* & de *Déclarations sur les principaux Objets des Connoissances humaines*, l'annonceroit assez.

Peut-être même, en vérité, ce Titre annonceroit-il plus, que je ne veux ni faire attendre ni tenir. Car je ne l'ignore pas, j'en ferai toûjours trop attendre pour certains esprits, comme j'en tiendrai toûjours trop peu pour beaucoup d'autres ; & je ne me trouverai par ce moyen au gré que d'un très petit nombre de Personnes. Mais comme ce petit nombre sera celui des Personnes raisonnables & modérées, dont le suffrage me suffit, j'ai eu principalement à cœur de gagner leur confiance dès l'entrée, en leur fesant prendre, de moi, & de mes entreprises, l'idée qu'elles doivent avoir.

C'est

C'eſt ce qui m'a déterminé dans le choix des Pieces de ce premier Volume, entre lesquelles le Diſcours précédent eſt celle qui va le plus directement à ce But.

Le Motif qui m'a fait placer ce Discours, à la tête de mon Ouvrage, eſt celui qui me fit commencer par là mes Fonctions Académiques. Il faut remonter à cette Epoque, & même reprendre les choſes d'un peu plus haut.

Reçu de l'Académie Royale des Sciences en Juin 1752, peu de mois depuis mon établiſſement à Berlin, il s'agiſſoit de choiſir entre les quatre Claſſes dont ce Corps illuſtre eſt compoſé. Les perſonnes qui ne me connoiſſoient que par ma qualité d'ancien Profeſſeur en Mathématiques à Paris, me deſtinoient à la Claſſe de Mathématiques, au lieu que mes derniers Ouvrages ſembloient m'aſſigner celle des Belles-Lettres. On fut ſurpris de me voir opter celle de Métaphyſique,

physique, ou de Philosophie spéculative. Cependant cette Classe étant, comme de raison, celle des quatre qui offre aux vûes intéressées le moins d'appas; & en effet aucune sorte d'intérêt ne m'y attachant; il étoit assez naturel de croire, que je sentois, si non mes Forces, du moins mon Goût, & que mon Goût me déterminoit. Or le Goût, & un Goût de cette nature, attend-il à trente-six ans passés à cultiver son objet? C'est un âge, s'il en est un, où l'Homme est déjà tout ce qu'il doit être; quoiqu'il puisse, (ce qui pourtant n'est point mon cas,*) n'avoir pas donné le moindre signe au dehors de ce qu'il est le plus déterminément en soi. Si un Homme a pensé, s'il a beaucoup réfléchi sans se hâter de rien produire, il est plus Métaphysicien que celui qui n'auroit cessé d'écrire ce que les autres auroient pensé.

Ma

* Je le prouve dans la Piece suivante.

Ma prédilection pour les Objets de la Philosophie spéculative, déjà si marquée dans le choix de ma Classe en Juin 1752, l'est encore dans mon Discours de réception du 6 Juillet, de la façon la plus frappante. On a pû voir avec quelle complaisance, en touchant l'Objet propre de chaque Classe, je m'arrête à celui de la Classe de Philosophie, & comment je prens plaisir à en retracer le détail dans ces paroles très remarquables: * „ la Morale qui en est le seul „ vrai but; la Logique, cette Ariadne „ dont le fil nous guide dans le Laby- „ rinthe immense des Opinions & des „ Raisonnemens qui les appuyent; la „ Métaphysique, Flambeau si utile; que „ dis - je? Flambeau si nécessaire, & „ qu'une indiscrette Méfiance voisine du „ sentiment de l'Erreur n'avoit encore „ confié à aucune Société savante. „ Ne sent - on pas quelqu'un qui connoît le

* Ci-dessus pag. 27.

prix

prix de ce Flambeau, & qui flatté d'une Vocation qui le confie à fes foins s'apprête à le porter aux yeux des hommes avec une liberté convenable?

Ce fut pour préparer à cette liberté dont je me propofois de faire ufage, que, dès le premier tour de la Claffe après les Vacances du mois d'Août, je lus à l'Académie le long Difcours que l'on vient de voir; lequel étoit beaucoup plus long, avant que j'euffe retranché le Morceau, que j'ai dit qui trouveroit place autre part. Je ne voulus point partager ce Difcours, pour le faire fervir à deux ou trois Lectures, felon la coûtume dans le cas où les Pieces ont une étendue confidérable. Je fuppliai qu'il me fût permis, de peur de rompre le fil, d'expofer de fuite, & mes Intentions, & les puiffans Motifs qui m'y fixoient. Cette chaleur, foûtenue quatre années; & la queftion feule que j'agitois; & l'idée-même d'agiter une pareille

reille question, avant de rien produire qui pût être qualifié de Hardiesse, louable ou blâmable: tout cela ne paroit-il pas montrer un homme, qui croit avoir de longue main poussé ses recherches plus loin qu'il n'est ordinaire, & qui plein des Objets dont ses regards ont été frappés, n'attend qu'une occasion favorable d'en rendre compte, & ne le veut faire cependant qu'avec une extrême Circonspection?

Je ne crains point de le dire. Quand la Providence, (je choisis ce terme à dessein, plûtôt que celui de Destinée;) quand donc la Providence m'auroit donné à choix une occasion, que je jugeasse moi-même propre au plan que je me suis formé, je n'aurois jamais rencontré mieux, que l'établissement, quelque part sur la terre, d'une Société libre de Métaphysiciens, & le bonheur d'être admis dans cet azyle de la Raison. Si j'ai senti ce bonheur, comme il méritoit

que

que je le fentiffe, & fi j'ai compris en même tems toute l'étendue des devoirs qu'il impofe, divers traits des Pieces précédentes, & notamment de la derniere, m'en rendent témoignage. La fuivante y ajoûte beaucoup. Faute néanmoins de me prendre jufte dans mon Point de vûe, on faifiroit mal le principe de cette Senfibilité; & l'on pouroit croire, que j'aurois, ou trop préfumé de mon Bonheur, ou peu compris mes Devoirs.

Il n'y a rien, rien au monde, dont je fois intimement convaincu, comme du Droit, & même de l'étroite Obligation, où eft tout Homme qui penfe, de produire fes penfées, quand il les croit utiles à des Vérités effentielles: foit pour les fortifier, s'il eft poffible par de nouvelles Preuves; ce qui n'eft contefté de perfonne: foit pour les dégager de Preuves fauffes qui les déshonorent, ou de tout Acceffoire qui les offufque; ce qui
paroît

paroît une forte de Sacrilege à bien des gens. Quand je dis qu'on est dans le Droit & dans l'Obligation de produire; bien entendu qu'on le puisse. Mais qu'est-ce que pouvoir? Seroit-ce en avoir toutes les commodités, ou n'avoir qu'encouragemens à espérer en conséquence, & applaudissemens à recueillir? Non. Je ne sais même si les applaudissemens, & les encouragemens surtout, n'y seroient point de trop. Pouvoir, au pied de la lettre, & simplement; c'est, comme je le disois étant encore fort jeune au célebre Pere Tournemine Jésuite,* „ n'être point dans le cas pro-
„ chain de Socrate, de rendre les hom-
„ mes coupables en sa personne d'un
„ assassinat, ou d'une violence peu dif-
„ férente. „ Dans le cas prochain! Car s'il falloit pousser sa timide prudence jusqu'aux cas éloignés, possibles en soi par mille conjonctures, mille révolutions,

* Page 346. de mes *Mémoires*.

tions, & mille hazards, dont par parenthese Socrate lui-même est un exemple;* ce seroit à ne jamais rien entreprendre contre des Préjugés d'un certain ordre: aussi bien que s'il falloit se voir à l'abri des Critiques injustes, des Censures iniques, & des Imputations de toute espece.

Que je n'aye nullement compté sur un pareil abri qu'aucun Azyle sur terre n'est capable de procurer; ces paroles du Discours le montrent:** „ Ah! je ne pré-
„ tens point, je vous assure, Messieurs,
„ qu'avec les plus pures Intentions du
„ monde, & les Précautions les plus
„ sages, nous puissions échapper aux
„ traits de la Calomnie! Si le grand
„ Descartes, le premier mortel qui ait
„ approché de parler de l'existence de
„ Dieu & de la spiritualité de l'Ame
d'une

---
* L'accusation calomnieuse qui l'a fait périr, étoit ménagée depuis vingt ans dans la Comédie des *Nuées* d'Aristophane.

** Ci-dessus pag. 222.

„ d'une façon un peu raisonnable; si le
„ pieux Malebranche, qui a marché
„ avec succès & avec applaudissemens
„ sur ses traces; si tant d'autres Philoso-
„ phes religieux n'ont point laissé d'être
„ noircis par d'odieuses accusations: at-
„ tendons - nous à rencontrer comme
„ eux sur la route plus d'un Voet, plus
„ d'un Arnaud, qui nous feront ressen-
„ tir leurs coups. „

J'avoue que je ne croyois point alors, qu'il y eût rien qui fût de nature à m'arrêter; *tant qu'il ne s'agiroit après tout,* disois - je, *que de vaines Déclamations, dont il est aisé de confondre l'imposture par des Procédés irréprochables.* Mais aguerri contre tous les genres de Calomnies que j'avois prévûs, il en étoit un contre lequel mon courage ne m'avoit point prémuni, pour n'y avoir pas même pensé.... Or quel est-il?... J'en avois tant prévûs! J'avois si généreusement donné carte blanche à la Malignité!

té! Elle a sû enchérir encore, & se porter beaucoup au delà.

Crier à l'Hérétique?... Il falloit bien que je m'y attendisse, déclarant comme je le fesois que je ne me piquois point d'*Orthodoxie*. Le Mot & la Chose sont trop décriés, & à trop juste titre, depuis lontems*.... A l'Impie?.... Quoique les Impies de ma sorte soyent assez rares dans le siecle où nous vivons, je n'ai

* Comme le Nom de *Sophiste*, qui dans son étymologie signifie *celui qui fait profession de Sagesse*, est tombé dans le dernier décri à cause du Caractere de ceux qui l'ont porté; celui d'*Orthodoxe*, qui signifie *attaché à la saine Doctrine*, devient de jour en jour plus odieux, à cause du Caractere intraitable & tyrannique de ceux qui l'ont affecté dans tous les tems. Un avis fort bon, quoique peut-être fort inutile; c'est de prendre garde que le Nom de *Philosophe*, ou d'*Amateur de la Sagesse*, n'ait le même sort. Il n'est pas possible qu'il ne s'avilisse de la maniere dont on ne cesse de le prostituer. A quel Nom faudra-t-il s'en tenir? Y en aura-t-il que les Hommes ne gâtent par leurs excès?

n'ai point douté non plus; non, je n'ai nullement douté de la qualification.... Soupçons, accusations formelles d'Athéisme?.... Cela est grave; cela est cruel. Ma vanité pourtant, (vanité bien excessive!) avoit osé prévoir, qu'on me feroit le même honneur qu'à tant de grands Philosophes, faussement suspectés sur cet article. Il est vrai que je ne devois pas m'attendre, qu'à l'occasion de deux Ouvrages pleins des plus tendres sentimens pour la Divinité, & des plus nobles idées de son infinie Bonté & de son infinie Sagesse, on avanceroit à la face du Public, „ qu'à Berlin,* on me
„ fuit comme un homme dangereux,
„ & dont les sentimens font horreur;
„ un second LA METTRIE, de la part
„ duquel on ne présume rien de mieux,
„ quoique la méthode soit différente.„
C'est de la sorte que me traite un Ecrivain

* L'Original ajoûte un *même* fort insolent, *auch zu Berlin*.

vain célebre, des plus diftingués dans le Parti Wolffien, en *revanche* de l'extrême politeffe, avec laquelle j'ai combattu quelques Principes de la Secte, & des témoignages perpétuels de mon respect & de ma vénération pour la mémoire de Mrs. Leibnitz & Wolff. Mais ce célebre Ecrivain, quel peut-il être que M. Gottsched? L'étonnement ceffe, auffi bien que l'indignation.*

C'eft toute autre chofe encore, qui déconcerta la fermeté de mes Réfolutions, en paffant de beaucoup mon attente fur les travers des jugemens des Hommes; & cela, peu de tems après la lecture du précédent Difcours à l'Académie, lorfqu'il en rouloit dans la Ville quel-

---

* Il n'eft point douteux que M. Gottfched foit Auteur du Journal de Leipfic, intitulé; *Das neuefte aus der anmuthigen Gelehrfamkeit.* Quand il ne l'avoueroit point, la modération du Style & l'équité des Jugemens le déceleroient. Ceci eft du Volume de 1755. Nro. I.

quelques copies qui m'avoient été demandées.

Je supplie le Lecteur de se souvenir de ce que j'ai dit ci-dessus,* (il en jugera lui-même dans un des Volumes suivans;) *que le Morceau retranché de ce Discours ne le déparoit, en quoi que ce soit, par les sentimens & par les traits dont il est plein.* C'est n'en donner même qu'une foible idée: & je fais cette remarque, pour qu'on ne s'imagine pas que ce soit ce Morceau plus particuliérement que le reste du Discours, qui ait occasionné le travers dont je parle. Quelle fut ma surprise, de voir que non content de semer contre moi l'alarme, comme contre un Homme qui s'apprêtoit à tout détruire; Religion, Morale, Certitude; on n'eût pas honte de m'attribuer dans ce projet les Vûes les plus basses, & les Motifs les plus indignes; ou, ce qui est plus qu'indignes, des Motifs,

* Dans une Note, pag. 168.

tifs, dignes, & très dignes, de tels qui me les attribuoient...., des Motifs que je n'explique point.... & que je laisse à la pénétration du Lecteur.*

Quelque déterminé que je parusse, à la fin-même du Discours, à produire avant qu'il fût peu mes doutes & mes difficultés, une imputation de cette nature m'arrêta. De nouvelles répugnances amenerent de nouveaux délais. Je laissai passer dix-huit mois, avant de rien imprimer; & une année entiere, pendant laquelle je lus à l'Académie deux Pieces sur des Sujets non suspects. Pendant ce tems, je crus que l'innocence de mon genre de vie, la constance & certaine roideur même de ma conduite, & mon éloignement de tout ce que recherche un Homme qui tend aux fins qu'on m'attribuoit, aideroient à me mieux con-

---

* Voyez 2de Edition du *Diogene*, ou des *Pensées sur l'Homme*, la Note ajoûtée à la Pensée CLXXXII. pag. 158.

connoître. Du moins ne pouvoit-on nier que si je tendois à de pareilles fins, ce ne fût avec bien peu d'ardeur; ou plûtôt avec une lenteur bien voisine de l'indifférence, & par là fort surprenante. Je m'occupai à retoucher toutes mes Pieces, pour les marquer encore mieux au coin d'une Religion sincere, mais dégagée. Mon mépris pour les prétendus Esprits-forts du siecle éclatoit déjà dans tous mes Ouvrages, imprimés ou à imprimer. J'en répandis les traits avec encore plus de profusion; mais de ces traits vrais, de ces traits auxquels on ne se trompe point. Aussi n'ai-je point vû que ces Messieurs s'y soyent jamais trompés. Leur haine qui m'est chere, & leurs railleries qui m'honorent, font depuis lontems ma meilleure Apologie. J'avois déclaré,* *qu'en relevant ce qui s'est dit contre eux sans aucune sorte de fonde-*

* Dans le Discours précédent, ci-dessus pag. 235.

fondement, je le ferois *de maniere à les dispenser de m'en avoir obligation*. J'ai voulu pousser les choses jusqu'à m'exposer à leur iniquité-même, s'il le falloit; & par cette témérité, justifier le titre d'*Enthousiaste* qu'ils me donnent. Quelle étrange espece de *la Mettrie!* M. Gottsched, qui, publiquement, & de sang froid, me met en un regard si flatteur; un de ses fidelles Correspondans, premier auteur de la comparaison, par qui je me souviens d'en avoir été gratifié en face avec moins de tranquilité; ont bien raison de dire que la méthode est différente.

Enfin, le 1 Novembre 1753, je fis à l'Académie la premiere lecture de ces *Pensées sur la Liberté*; occasion & objet des Jugemens les plus contradictoires. La seconde fut le 13 Décembre; la troisieme le 7 Février de l'année suivante; & l'Ouvrage parut dans le Public en Avril de la même année. J'eus mes raisons

sons de commencer par là; & non, par le Sujet que j'avois annoncé dans le Discours précédent.* C'étoit un ménagement de plus, tant en ce qui concerne le degré de démonstration, que l'importance-même de la matiere. J'eus soin, dans une espece d'Avant-propos, de rappeller mes Motifs en ces termes.

„ J'use, Messieurs, du droit que je
„ crois avoir établi dans mon Discours
„ du 19 Octobre** de l'année derniere,
„ (1752,) de proposer contre quelques
„ Vérités que ce soit, des Difficultés
„ qu'on peut craindre qui ne soyent in-
„ solubles, & de ruiner de méchantes
„ Preuves sans être en aucune façon te-
„ nu d'en apporter de meilleures, pour-
„ vû que ce soit avec des Intentions
„ droites

---

* Dans le Morceau retranché.

** Il y a *Novembre* dans l'endroit que je cite; mais c'est une méprise qui est corrigée à la page 130.

„ droites & pacifiques : & cela, parce
„ que ma Maxime est que la Vérité &
„ la Candeur ne se peuvent séparer l'u-
„ ne de l'autre ; parce que je ne puis me
„ prêter à des Ménagemens politiques,
„ qui semblent ne faire des Opinions
„ les plus sacrées, & les plus vrayes,
„ qu'un Secret d'Etat, qu'il faille main-
„ tenir à quelque prix que ce puisse
„ être ; parce qu'enfin je suis persuadé
„ que les Difficultés les plus terribles,
„ par cela-même qu'elles détruisent de
„ fausses Raisons, qu'elles proscrivent de
„ méchantes Preuves, donnent souvent
„ lieu à des Solutions inespérées, en
„ forçant d'approfondir davantage les
„ Principes, ou d'en chercher de plus
„ solides. Le Mémoire que vous allez
„ entendre, est une nouvelle prépara-
„ tion à celui que j'annonçai pourlors,
„ & qui viendra dans son tems. „

Je n'ai cessé de montrer les mêmes
Sentimens, & de tenir le même Langage,

ge en toutes rencontres. „ Qu'à Dieu
„ ne plaise, ai-je dit souvent,* que je
„ veuille, ou que je puisse nuire à la
„ Société par mes Ecrits! Je ne le veux
„ certainement point; & une chose me
„ rassure, c'est que je ne puis croire que
„ cela soit possible. „

- De quelle conséquence, demandois-je
encore, peuvent être pour le gros des
hommes „ les Réflexions libres d'un
„ Métaphysicien, dont les Ouvrages ne
„ seront point lûs par la millieme par-
„ tie des Personnes-mêmes qui se pi-
„ quent de n'être point peuple. Raison
„ de plus, outre celles que j'ai déjà tou-
„ chées tant de fois, pour proposer,
„ sans façon, mes Difficultés, mes Dou-
„ tes, sur les Opinions les plus respec-
„ tées, & les plus respectables en effet,
„ & que je respecte le plus moi-même.

„ Je

* Entr'autres dans les *Pensées sur l'Homme*, ou le *Diogene*.

Tome I.   R

„ Je suis convaincu que tout ce que
„ nous sommes de Métaphysiciens au
„ monde n'avons aucune influence sur
„ la Multitude, & que nous n'en avons
„ qu'une très médiocre sur le petit nom-
„ bre des gens qui pensent. Mais il
„ importe à ce petit nombre de gens
„ qui pensent, c'est-à-dire à la plus
„ saine partie du Genre humain, que
„ les Vérités soyent discutées à fond, &
„ retournées de tous les sens. C'est à
„ quoi j'ai consacré un tems considé-
„ rable de ma vie. Il s'agit de voir,
„ quels sont les fruits de mes Ré-
„ flexions. „

On le verra dans cet Ouvrage, & on en a déjà pû prendre quelque idée dans les Essais qui ont paru. Ce n'est point ici le lieu de faire mes observations sur les Jugemens qu'on a portés de ces Essais. Les Pieces se retrouveront dans le cours de l'Ouvrage, & pourlors il en sera tems. Je me contente de remarquer,

quer, que ce qui m'autorise fortement, si je ne me trompe, à poursuivre ma route, & à produire l'Ouvrage-même en son entier; c'est de voir que si mes Essais ont essuyé les Censures les plus graves, pour ne pas dire les plus atroces, ils ont aussi obtenu d'éclatantes Approbations, & qu'il y a eu dans l'esprit des unes & des autres une différence très sensible.

Les Censures sont si outrées, si excessives; elles sont si manifestement dictées par le Dépit & par la Fureur, qu'elles en perdent tout crédit. C'est d'ailleurs dans le sein du Wolffianisme qu'elles sont nées pour la plûpart; & c'est de quoi présumer ce qu'elles doivent être: du Wolffianisme, dont j'ai sappé, renversé les fameux Principes, & que j'ai couvert de ridicule. On connoît le Caractere dur & intraitable de cette Secte, dont l'*Odium theologicum* est l'ame, & chez qui l'Insulte & l'Outrage, devenus les figures favorites, font la feule, ou la plus ordinaire réponfe aux plus légeres Contradictions. A quoi ne me fuis-je pas expofé, en m'attaquant à des Philofophes de ce caractere, qui font un Corps nombreux, & comme une Ligue, & un Parti puiffant en Allemagne?

Il faut me rendre cette juftice néanmoins, que je ne pouvois pas attaquer le Parti Wolffien avec plus d'égards, puisque le ridicule-même dont le Syftème fe trouve couvert, ce ridicule fort partout du fond des chofes, & nulle part de la malignité de mes expreffions. L'on doit penfer, que j'étois contraint dès l'entrée de la carriere, ou de m'arrêter tout court, ou d'écarter une Philofophie qui la croife par une chaîne étonnante de Déductions; une Philofophie, qui en s'approchant, à ce que je crois, du but plus qu'aucune autre, n'en a pas moins, à ce que je crois auffi, le mal-

heur

heur de manquer le but, en laissant entre elle & lui un Abyme qu'elle ne peut franchir. Obligé de nettoyer la route, de cet appareil immense de Déductions & de Principes qui l'embarassent, je ne pouvois pas y apporter plus de ménagemens. Je ne pouvois pas montrer pour cette Philosophie une plus haute estime, ni en avoir une plus sincere. Je ne pouvois pas être pénétré de plus de respect pour ses illustres Fondateurs, dont je ne crains point d'avancer, qu'il y a telles Erreurs, qui liées, combinées comme elles le sont dans le Plan le plus systématique qui fut jamais, font sans comparaison plus d'honneur à leur Génie, qu'à beaucoup de Philosophes que je nommerois bien, des Vérités isolées, décousues, sans liaison, ni affinité, ni conséquence, & qui ne semblent rencontrées que par hazard. Mais les trop zélés Disciples de Wolff & de Leibnitz n'entendent à aucun partage, ni à aucune

composition. Ils n'ont pû se persuader qu'un langage d'admiration si semblable au leur, s'il étoit sincere, ne fût point dicté par une soûmission égale. Ils ont donné dans le travers de croire, que les expressions les plus énergiques de mon estime n'étoient que d'insultantes Ironies, quoique rien n'en ait moins le ton. Partisans qu'ils sont de l'Invective, il est naturel qu'ils se connoissent assez peu en Ironie. Enfin ils ont donné dans le travers, humiliant pour eux, de se prétendre méprisés par un Adversaire qui leur rendoit hommage de bonne foi, & d'interpréter en railleries des éloges généreux, & des traits dont ils devoient être d'autant plus flattés, de la part d'un Homme qui du reste les presse avec vigueur. Ho! voilà, dit-on, ce qui les a trompés. Leur illusion vient du vice-même de leur caractere. S'ils étoient dans le cas de relever en qui que ce soit des Paralogismes & des Erreurs
d'une

d'une importance dix fois moindre que ce dont je les convainc; bon Dieu! combien ils prodigueroient cordialement les marques les plus naïves & les plus complettes de leur mépris! Cela les paſſe, que quelqu'un qu'ils ſentent avoir ſur eux ces avantages, puiſſe faire au fond de l'ame quelque compte de leur mérite philoſophique. De là ce Dépit, cette Haine, cette Fureur, qui ſe ſont manifeſtées par mille ſourdes Intrigues, beaucoup plus encore que par les odieuſes Imputations de M. Gottſched. Bien aveugles, hélas! de ne pas voir que ce ſont de pareils Procédés, qui rendent digne de mépris, plus que toutes les Erreurs & tous les Paralogismes imaginables.

La Dureté Wolffienne miſe à part, il y a bien d'autres circonſtances tirées de ma Perſonne & de ma Situation, fort propres à infirmer les Jugemens déſavantageux que j'eſſuye.... Il eſt ſi viſible

ble que ce font autant de Jugemens hazardés fur l'étiquette! Rien n'engage à y porter plus de réferve. Quelles mefures garderoit-on avec un Homme fans confidération & fans appui? Sans appui quelconque!... Un Etranger!... Un François!

Telle eſt ma Poſition dans le monde, pour le remarquer en paſſant. Je n'ai d'une part que mauvaiſe volonté à éprouver de mes Concitoyens, dont j'ai abjuré depuis lontems les Superſtitions, pour m'attacher à un Chriſtianiſme plus raiſonnable. * Démarche qui ne ſe pardonne ni par les Dévots, ni par les Indévots-mêmes du parti que l'on a quitté. Eccléſiaſtiques; cela va ſans dire; mais auſſi Philoſophes, ou ſoi diſans tels, Gens de lettres, Petits-Maîtres, & Politiques, me l'ont bien fait ſentir. Renoncé en quelque ſorte par ma Nation que j'ai ſervie,** & que je comptois ne point

---

* Voyez la 3e. Partie de mes *Mémoires*.
** Ire. Partie de mes *Mémoires*.

point déshonorer, j'éprouve ensuite que je n'en participe pas moins au décri, injuste ou légitime, où elle se trouve. On ne se persuade point, que chez nous les esprits puissent secouer le joug de la Superstition, sans donner dans l'excès opposé du Libertinage & de l'Irréligion absolue. Ajoûtons ces Lieux-communs perpétuels, * sur la Frivolité, la Légéreté, l'Incapacité de réfléchir avec quelque solidité, que l'on reproche à nos François, & qu'on auroit plus de droit de leur reprocher sans doute, si l'Europe, l'Europe entiere, cessoit une fois d'être la servile imitatrice, ou pour le moins l'admiratrice de nos folies. M. Gottsched sait bien me dire, * * *que je puis m'en prendre* du peu de cas qu'on fera de mes productions *à cet Essaim de*

mes

---

* Expressément à mon occasion dans une Brochure qui a pour titre, *Philosophische Gespræche*. Berlin, 1755.

** *Das Neueste aus der anmuthigen Gelehrsamkeit &c.* Endroit cité ci-dessus.

mes Concitoyens, & comme il les appelle, *mes Confreres en Pyrrhonisme*, qui se sont montrés avant moi. O! quelle disparité cependant! Et combien, (sans prétendre, ni me priser, ni me dépriser,) combien je suis dissemblable, à tous égards, à ceux qu'il a en vûe! Il me faut donc percer ces Préjugés, écarter ces Obstacles; seul, & sans secours. Je pourois à peine l'espérer avec des manieres souples & insinuantes, & en n'offrant rien qui prêtât trop à la malignité ou aux préventions. Mais la Fatalité veut que je sois contraint, encore un coup, ou d'ensevelir le fruit quel qu'il soit de mes Réflexions dans un éternel silence, ou de sapper par les fondemens la Philosophie régnante en Allemagne; ce qui commence par m'aliéner la plus grande partie des esprits. Mais l'essence-même de mon entreprise est de revêtir le personnage fâcheux, incommode, d'Homme qui examine tout, qui pré-

présente ses Doutes & ses Difficultés sur tout; ce qui compromet au souverain degré la suffisance des importantes Lumieres du siecle. Mais de plus c'est qu'il ne s'agit pas seulement de Doutes & de Difficultés: il s'agit de s'élever contre des Erreurs formelles que l'opinion de la Multitude a consacrées, & qu'elle a sû rendre aussi respectables, & plus respectables même que des Vérités très saintes; voilà de quoi faire naître d'odieux Soupçons, de quoi alarmer les Consciences timides, soulever le Fanatisme inquiet, & prêter à l'hypocrite Malignité les prétextes les plus spécieux. Enfin cette ardeur qui me consume, ce tempérament tout de feu qui ne me permet d'énoncer les choses qu'avec la force & la vivacité avec laquelle je les ai conçues; une franchise peut-être excessive qui en est la suite, & qui me rend incapable de me déguiser en quoi que ce soit; quelque élévation de Sentimens que le Vulgaire

prend

prend trop aisément pour de l'Orgueil, & dont il s'irrite; quelque noblesse d'Expression, parce que l'Expression suit le Sentiment; & une fermeté de ton, qui doit, aussi bien que l'élévation & la noblesse, paroître ridicule à ce même Vulgaire, quand aucun Dehors ne lui en impose; avec cela, disons le tout, un **peu** de roideur, qui pouroit bien être naturelle au Caractere, mais sûrement accrue par l'épreuve de mille mauvais procédés & de mille traverses: quelles sources de Mal-entendus, d'Interprétations légeres & précipitées, d'Antipathies, d'Aigreurs, de Haines, & que fais-je? d'autres Passions encore plus basses, qui ne contribuent pas à mettre les esprits dans des dispositions plus équitables?

Lorsque j'ai consideré de sang froid cette Perspective, ainsi que j'ai fait dès le commencement, je me suis dit, & n'ai cessé de me redire, que quand le
mé-

mérite intrinsèque de mes Ecrits égaleroit, ce qui est beaucoup, & surpasseroit même, ce que je ne crois pas possible, celui des Intentions, je ne devrois pas présumer qu'il fût reconnu de lontems; d'un grand nombre d'années; de ma vie peut-être toute entiere. Je me suis demandé, si j'avois bien le courage, d'affronter les périls de cette Vocation, & d'en dévorer les déboires. J'ai senti qu'il ne me manquoit point; cela m'a suffi. Ainsi j'ai pris ma résolution, de ne me laisser ébranler par aucunes Clameurs, de ne tenir compte de tous ces Lieux communs que chacun débite sans essayer beaucoup son esprit, de mettre sous mes pieds tous Jugemens désavantageux que je pourois m'assurer en conscience n'être point dans le cas de mériter; en un mot de m'attendre à des Censures de toutes sortes, sans nombre & sans fin, & à fort peu d'Approbations.

Si

Si quelque chose m'a trompé, ç'a été beaucoup moins l'atrocité de certaines Censures, que le nombre des Approbations publiques & particulieres que je n'ai pas laissé de recevoir. A travers tant de Préjugés qui m'environnent, comment s'est-il trouvé des regards, qui ayent pû ou voulu pénétrer jusqu'à moi? Comment y a-t-il eu des voix assez généreuses, pour s'élever en faveur d'un Inconnu; d'un Homme avec qui l'on avoit aucune espece de liaisons, ni aucun motif d'en rechercher? Graces en soyent à la Candeur Germanique, qui, lorsque les Passions appanage de l'humanité ne l'offusquent point trop, ne peut que saisir le vrai, & lui rendre justice où elle le rencontre! Légitimement je ne pouvois rien souhaiter de plus que ce qu'elle m'a fait obtenir, si ce n'est qu'en paroissant faire cas de ma maniere de penser, de ma tournure d'esprit, & de ma conduite, ce ne fût point avec

une

une forte de surprife peu honorable à ma Nation. Toûjours de la prévention à cet égard! Du refte, non feulement on ne m'a point jugé indigne d'être écouté. On m'a encouragé à me produire. On m'a hâté, preffé. On a loué hautement le caractere de fincérité & d'amour de la Vérité, qui éclate partout dans mes Effais. On en a paru fenfiblement touché. On n'a point craint non plus de reconnoître dans ces Effais des Points de vûe qui méritent d'être approfondis, fuivis, & qui peuvent en faire attendre d'autres femblables de ma part. On a relevé avec complaifance jufqu'aux avantages extérieurs, & furtout cette chaleur de fentiment, qui répandue fur des Matieres abftraites attache & foûtient l'efprit à qui elle fe communique. Par rapport à quelques Hardieffes, foit de penfées, foit d'expreffions, on n'a point fait difficulté de fufpendre fon jugement, où l'on a compris que

faute

faute de l'Ensemble de mes Idées il n'étoit pas possible de saisir mon but avec assez d'exactitude : & l'on a motivé cette sage circonspection sur une remarque bien simple. C'est qu'un Homme, dans une situation où il n'a aucun intérêt d'en imposer, doit en être crû sur sa parole, lorsqu'en termes aussi énergiques que je le fais, il déclare son éloignement de l'Incrédulité, & son attachement sincere à l'essentiel de la Religion. L'on a même été en conséquence, jusqu'à témoigner une véritable indignation des Injustices & des Outrages que j'essuyois. Mais ensuite, sans cesser de faire fond sur la bonté de mes Intentions, & même en y fesant fond, mais me considérant comme un Homme qui peut se tromper, & qui ne l'ignore pas, on a joint à des Procédés si obligeans d'importans Avis, quelques Critiques, quelques Censures. Et ces Censures, & ces Critiques, bien loin de rien diminuer

selon

selon moi du prix de pareils Suffrages, leur donnent au contraire à mes yeux toute leur valeur.

Quant à ces Censures elles-mêmes, & à ces Critiques, & aux Avis importans que j'ai reçus de divers endroits, il est inutile d'observer combien le tout, accompagné des Procédés que je viens de dire, doit avoir de force sur un esprit raisonnable, & qui, de quelque fermeté qu'il se pique, & à quelque roideur peut-être qu'il la porte, est au fond plus docile qu'on ne s'imagine. On en verra des preuves sensibles en plusieurs rencontres. Lorsqu'en d'autres rencontres il se trouvera que je n'aurai rien changé du tout, soit pour la Pensée, soit pour l'énergie de l'Expression, c'est qu'il m'aura paru que les choses changeoient assez de nature par l'Ensemble-même où elles se présentent; ou qu'enfin je me serai crû fondé en droit & en raison à un certain point, & je m'en expliquerai

pliquerai avec franchise en tems & lieu. Si le gros des Personnes équitables & sensées persiste à me croire en tort après m'avoir écouté jusqu'au bout, je me réserve à me corriger dans les derniers Volumes de mon Ouvrage, & à condamner moi-même tout ce qui n'aura pû être goûté des bons esprits. Car en un mot, ce n'est que dans cette vûe, que j'ai pris le parti de rendre mes Idées publiques. Je ne cherche absolument, *qu'à les fixer*, comme je l'ai dit autre part, *au creuset de la Contradiction*. Il n'y aura jamais que ce qui sortira de cette épreuve, que je puisse avouer pour mes véritables Sentimens.

DE MA VOCATION
A L'ÉTUDE
DE LA PHILOSOPHIE SPÉCULATIVE.

AU fruit on connoît l'arbre, & l'ouvrier à son ouvrage. Ce sera, par le résultat, heureux ou malheureux, de mes Spéculations philosophiques, qu'on poura juger de ma Vocation pour la Philosophie spéculative. Que je n'aye cessé depuis ma tendre Jeunesse, de faire ma plus sérieuse occupation des grands Objets de la Métaphysique, comme je l'ai assuré expressément en plusieurs rencontres; ou, (comme on n'a que trop affecté de le répandre, au souverain mépris, & de mes assurances, & de la parole d'un Homme d'honneur,) que je ne m'en sois avisé que depuis mon séjour à Berlin, par hazard! à trente-sept ans! entreprise avec laquelle il faut avouer que le ton que j'ai pris quadreroit mal : peu importeroit au fond, si mon Livre ne tomboit qu'à des Lecteurs dépouillés de préventions. Mais, avec les Philosophes-mêmes, les préjugés favorables ou défavorables ne sont pas sans conséquence : & la Malignité a bien sû ce qu'elle fesoit, en essayant de m'attacher ce Ridicule ; *de m'être érigé tout-à-coup en Spéculatif, & en Métaphysicien, sans y avoir jamais pensé.*

Cette plaisante Idée a gagné surtout parmi la Nation Wolffienne, chez qui les qualifications désobligeantes, les démentis formels, & les reproches d'ignorance, de manque d'intelligence &c, ne coûtent rien. On s'y est généralement persuadé, que je n'avois pas, il y a trois ou quatre ans, les notions les plus communes, soit de Métaphysique, soit de Logique, & qu'aujourd'hui-même elles sont encore fort embrouillées dans mon esprit. Quelqu'un qui s'étoit hâté,

dans

dans un Ecrit public, de m'accuser de ne pas savoir ce que c'est que *Genre*, *Espece*, *Individu*,* a été tout surpris, lorsque nous avons fait connoissance & même lié amitié ensemble, de voir que je le savois; & a crû peut-être que je ne l'avois appris que depuis. Cependant vingt Gazettes littéraires Allemandes s'étoient fort empressées à répéter la chose après lui; & une Françoise n'y avoit pas manqué non plus.

Voici le Fait.

Dans une Note, une simple Note de mes *Pensées sur la Liberté*, je dis en passant, & par occasion, que j'ai sur la nature de l'*Individu* une idée qui m'est particuliere, „ qui même est chez moi un „ Principe fécond, que j'ai toûjours ap-„ pellé *le Principe des Différences indi-*„ *viduelles*,

* L'estimable Auteur des *Philosophische Gespræches* qui ne peut pas trouver mauvais que je détruise, sans rancune, une Imputation très fausse qu'il n'a que trop accréditée.

„ *viduelles*, & que ce Principe m'avoit
„ conduit à celui des *Indiscernables*, ou
„ plûtôt des *Non-indiscernables*, lontems
„ avant que je susse qu'il y eût au mon-
„ de une Philosophie Leibnitzienne. „
Je n'explique point mon idée, mais je
l'énonce en sept ou huit lignes, dans l'u-
nique dessein d'en prendre possession,
jusqu'à ce que je l'expose avec le détail
convenable dans quelque Piece sur ce
sujet. Sans en attendre davantage, on
commence, & par nier que j'aye pû venir de là au *Principe des Indiscernables*;
& par prononcer que je ne sais pas ce
que c'est qu'*Individu*, *Espece*, *Genre*;
que je n'ai pas la moindre notion d'On-
tologie. * Ce qu'il y a de divertissant,

c'est

* Quand l'idée sera développée, j'ose promettre qu'on y verra une très solide démonstration du Principe des *Indiscernables*: une démonstration tout-à-fait exempte du cercle vicieux des Wolffiens, qui n'établissent ce Principe que par celui de la *Raison suffisante*, lequel

c'est qu'où j'ai mis sept lignes pour énoncer l'idée en gros, on met dix ou douze pages pour me réfuter d'avance, sans s'embarasser si l'on a saisi seulement ou pû saisir la pensée dont il s'agit. Point de Journaliste ensuite, j'entens de Journaliste Wolffien, qui ne releve le trait lequel ne se peut défendre des premieres objections qui se présentent, sans supposer qu'il n'y a pas deux êtres parfaitement semblables dans le Monde physique, ni dans le Monde même intellectuel; c'est-à-dire sans supposer préalablement le Principe des *Indiscernables*. Ensuite l'on verra qui a le mieux conçu la nature de l'Individu; ou de moi qui distingue très fort l'*Individu* d'avec l'*Etat individuel*; ou des Wolffiens qui confondent des choses si différentes. L'*Ens omnimodè determinatum*, c'est l'Etat individuel avec leur permission, & nullement l'Individu. Un Individu (Jules-César, par exemple,) est selon moi une idée générale, d'un Etre, le même quant au fond, mais déterminable d'une infinité de manieres, qui sont ses especes & ses sous-especes, ou ses modifications & les modifications de ses modifications

trait avec une complaisance marquée. Il y a presse à parler de ma prétendue méprise; presse à me lâcher son coup. L'Auteur-même de la *Bibliotheque Germanique*, qui n'a pû trouver place dans ses Nouvelles littéraires, à l'article de Berlin, pour l'Annonce de mon Ouvrage,

cations. Sans cela, outre le Fatalisme où l'on tombe, on se jette dans les conséquences les plus étranges. L'existence de chaque Individu ne seroit qu'instantanée, & il n'y en auroit point qui ne dût dire de tout ce qui précede & de tout ce qui suit; *ce n'étoit pas moi*; *ce ne sera pas moi*. Ou bien le *Moi* ne seroit point un Individu, mais une suite d'Individus étrangers les uns aux autres, & liés par un sentiment inexplicable, appellé Souvenir ou Prévision.

Ces importans articles, & trente autres, justifieront ce que j'écrivois un jour, de la Philosophie Wolffienne, à l'un de ses plus illustres Partisans: ,, Je ne sais, si je suis au ,, dessus; mais il me semble, que je suis au ,, delà. ,, Je tranche même aujourd'hui, & déclare sans façon qu'il y a lontems que je suis au delà.

ge, ni de ceux qui sont venus depuis en deux ans de tems; (pour une Annonce, qui semble être de simple Droit des gens dans la République des Lettres, & un devoir du Journaliste, quand je n'aurois pas un titre particulier à quelque considération, en qualité de son Confrere dans l'Académie des Sciences:) l'Auteur, dis-je, de la *Bibliotheque Germanique*, par surcroît de bons procédés, fait fort bien trouver place, pour rendre compte au plus vîte de cette Critique, & d'une autre qui ne vaut pas mieux. En vérité, c'est faire à un Ignorant comme moi, de la Classe honteuse des *Seri studiorum*, beaucoup plus d'honneur qu'il n'en mérite.

Mais pourquoi s'attacher à une bagatelle, à une Note de peu de lignes qui ne fait point corps avec l'Ouvrage, à un Enoncé vague d'une idée, sans explication, sans développement; & dissimuler tant de traits accablans lancés contre la

Philosophie Wolffienne ? J'en saurai dire mon avis autre part.... Peut-être, un motif délicat de vengeance demanderoit-il après tout, que je laissasse croire, qu'en effet c'est un Novice qui a porté des coups si rudes à cette orgueilleuse Philosophie, & qui contribuera probablement, à empêcher que cette nouvelle Hélene, cette Circé enchanteresse, ne fasse beaucoup de conquêtes parmi nos François, chez qui elle cherche à se produire depuis lontems. L'on sait les Mignardises étudiées de la *Belle Wolffienne* à ce sujet.... Un intérêt plus fort demande au contraire, que je montre, que bien loin d'être Novice dans les hautes Spéculations de Métaphysique, j'ai pû me vanter avec quelque vérité d'y être Emérite, après vingt années d'application. Je m'en suis vanté, parce que les conjonctures l'exigeoient. On m'en donne le Démenti, non en prouvant que je paroisse neuf en ces Matieres, mais

en

en soûtenant que je dois l'être, parce qu'on veut que je ne m'y fois initié que tard. On m'attribue donc un Projet impertinent, & où la mauvaise foi l'emporteroit encore sur le ridicule de la présomption. Mon Honneur est doublement engagé, à faire voir que je ne me suis vanté de rien que je ne puisse vérifier sans peine; & je m'y détermine d'autant plus volontiers, que j'y trouve l'occasion de rapprocher quelques traits, qui ne seront point déplacés dans ce Volume.

D'abord je revendiquerai le peu de part que j'ai eûe à un petit Ouvrage, composé, il y a treize à quatorze ans, par une Epouse qu'on sait avoir toûjours partagé mes Goûts & mes Occupations.*

Je

---

* „ Le MECANISTE PHILOSOPHE; Mémoire conte-
„ nant plusieurs Particularités de la Vie &
„ des Ouvrages du Sr. *Jean Pigeon*, Mathé-
„ maticien, Membre de la Société des Arts,
„ Auteur des premieres Spheres mouvan-
„ tes,

Je suis à la vérité pour bien peu de chose dans cet Ouvrage, puisque le fond des idées est tiré des papiers de son respectable Pere, & que le mérite de l'expression n'est qu'à elle seule. Mais elle y déclare elle-même, qu'à l'égard de certaines Matieres, telles que l'*Harmonie préétablie*, par exemple, qui fait un morceau assez considérable, il a fallu qu'elle commençât par les étudier & les approfondir avec soin, *à l'aide du Guide*

„ tes, qui ayent été faites en France, se-
„ lon l'hypothese de Copernic; par *Madame*
„ *de Prémontval* sa Fille: à la Haye. „ Ce petit Ouvrage fut composé en 1743; ce qui paroît par la date de l'Epître dédicatoire, à S. A. S. feu Monseigneur le Duc d'Orléans. (*Janvier 1744*.) Voyez-en, dans la *Bibliotheque Germanique*, (Mars 1754,) un Extrait de la main de M. Diodati Pasteur de la Haye, Chapelain de S. A. R. Madame la Princesse d'Orange &c: digne Arriere-petit-Fils du célebre Jean Diodati, au caractere près d'intolérance, que son humanité, & sa douceur, ne lui permettroient assurément point d'imiter.

Guide qui veilloit sur toute la conduite de son travail.* Ce Guide, c'est l'Epoux dont elle a suivi le Sort peu fortuné. Telles étoient donc, à la fleur de notre jeunesse, les études que nous mêlions à celle des Mathématiques & des Belles-Lettres. On voit, par ce seul morceau sur l'Harmonie préétablie,** que nous étions au fait des trois grands Systèmes qui concernent l'union du Corps & de l'Ame, & que nous prenions intérêt à ces Questions. On y voit notre haute estime pour le grand nom de Leibnitz;*** estime, qui loin de se démentir s'est toûjours montrée depuis sur le même pied dans mes Ouvrages. On voit que les Controverses fameuses de ce profond Métaphysicien, avec Clarke, avec Bayle, nous étoient connues, puisque nous en touchons un trait, **** &

que

---

* Pag. 185.
** Pag. 198.
*** Pag. 186, 204, 206, 207, 209 & 219.
**** Pag. 212 & 213.

que nous citons le Recueil précieux qui les renferme. Que nous n'ayons point goûté son Systême; ou que nous ne l'ayons pas mieux saisi que n'a fait un Bayle, ou un Clarke, ou M. de Fontenelle; ah! ce n'est pas ce dont il s'agit. Vraiment il n'est pas aisé d'énoncer les choses à la satisfaction des Leibnitziens, quand on a le malheur de n'être pas en tout de leur sentiment. On n'a jamais sû; on n'a jamais conçu. Il suffit que cela prouve, qu'il est faux que je ne me sois avisé de m'appliquer aux Spéculations de Philosophie, que depuis mon entrée dans l'Académie de Berlin. Je montre, qu'aux environs de dix années auparavant je m'en occupois avec une jeune Personne de 18 ans, mon Eleve & ma future Epouse & la mettois en état d'en parler avec quelque succès, sous les yeux du Public - même, dans une occasion convenable.

Si je ne craignois des longueurs peu néces-

nécessaires, je tirerois de ce petit Ouvrage, d'autres preuves du génie métaphysicien que ma jeune Eleve prenoit auprès de son Guide, & qui se manifestoit même dans des choses qu'on regarde comme fort écartées de la Métaphysique: * mais je me hâte de venir à ce qui me concerne directement.

Je fis imprimer à Paris en 1742 & 1743 quatre Discours séparés, qui devoient être suivis d'une quarantaine d'autres dont la plûpart se sont perdus. Les quatre qui ont déjà vû le jour, & ceux qui me restent, se trouveront à leur place dans quelques-uns des volumes de cet Ouvrage. C'étoit le précis de ces Conférences publiques & gratuites, que j'avois commencé à 21 ans sur toutes les parties des Mathématiques, & où l'on a compté des deux, trois, & quatre cens personnes de diverses conditions, de tout âge & de tout sexe. On découvre dans ces

Discours

* Pag. 249, 252 & 255.

Difcours le logicien exact, & le métaphyficien, en autant d'occafions qu'il s'en préfente. Perfuadé, dès le premier regard que je jettai fur ces objets, que les Mathématiques ne font que la Métaphyfique des lignes & des nombres, & que la Métaphyfique n'eft que la Mathématique des idées intellectuelles, je conçus le deffein de rapprocher ces deux Sciences plus que l'on n'a coûtume de faire. Je prétendis porter dans celle des lignes & des nombres l'efprit métaphyfique, à quoi perfonne n'avoit penfé; & porter de même dans la Science des idées intellectuelles, non la forme mathématique, à quoi l'on n'a que trop penfé, & qui eft un grand abus, mais l'efprit dont on la croit peu fufceptible. Les quatre Difcours dont je parle, imprimés il y a près de quinze ans, & prononcés pour la premiere fois il y en a paffé dix-neuf, fourniffent feuls beaucoup de preuves de ce que j'avance.

Comme

Comme ils doivent se retrouver entiers dans la suite de cet Ouvrage, je me contente d'en placer ici quelques traits.

Dans le **Discours** *sur la Nature des Quantités que les Mathématiques ont pour objet*, page 49; „ En matieres de Scien-
„ ces, ces imperfections de la Langue
„ sont de la derniere conséquence, par
„ les faux-jours dont elles remplissent
„ l'esprit, sans presque qu'on s'en ap-
„ perçoive. Qu'y faire, & changerons-
„ nous pour cela le Langage établi?
„ Quoique peut-être ce fût le plus sûr
„ remede, il y auroit trop de risque à
„ l'entreprendre. Faute de mieux ser-
„ vons-nous donc avec choix des ex-
„ pressions que l'usage a consacrées;
„ mais ayons soin de les analyser tou-
„ tes, de maniere à ne laisser aucune
„ ombre d'équivoque. Le plus petit dé-
„ faut de justesse qui puisse se glisser
„ dans nos idées est une espece de levain

Tome I. T qui

„ qui fermente peu-à-peu, & qui se
„ communique de proche en proche à
„ toute la masse. Il arrive souvent que
„ ces petites inexactitudes, qui d'abord
„ n'empêchoient pas de saisir assez bien
„ la Vérité dans les choses simples,
„ croisent ensuite dans l'esprit d'une ma-
„ niere extrêmement désagréable, quand
„ les choses sont devenues plus compli-
„ quées. Telle erreur grossiere, tel pré-
„ jugé, telle difficulté qu'on éprouve
„ sans savoir comment à faire compren-
„ dre les choses les plus faciles, n'ont
„ souvent pas d'autre origine, ainsi que
„ je l'ai mille fois expérimenté.

„ C'est ce qui fait que je ne crois
„ point du tout perdre le tems, d'ap-
„ profondir si fort les premières no-
„ tions qui occupent l'entrée des Scien-
„ ces; d'écarter avec tant de soin toutes
„ ces fausses lueurs, capables d'offus-
„ quer les solides lumieres de l'esprit;
„ enfin de débarasser en détail par des
„ expli-

„ explications exactes le Langage de
„ quantité de petits mal-entendus qui
„ s'y trouvent. Rien n'est tel en fait de
„ recherches philosophiques, que de se
„ défier de tout, de se rendre attentif
„ à tout; & c'est peut-être pour avoir
„ négligé ces bagatelles, qu'il se trouve
„ si peu de justesse dans la plûpart des
„ Livres de Mathématiques, même dans
„ les définitions les plus élémentaires.
„ Ceux donc qui se destinent à appren-
„ dre de moi ces Sciences, doivent s'at-
„ tendre à me voir faire souvent de pa-
„ reilles remarques: & supposé qu'elles
„ ne soyent pas de leur goût, je n'ai
„ point de meilleur conseil à leur don-
„ ner, que de prendre patience.„

Dans le Discours *sur la Nature du Nombre*, dont l'Avant-propos commence ainsi; „ Tout ce qui regarde la Nature
„ abstraite & métaphysique des Nom-
„ bres devant être préliminaire à l'étude
„ des Mathématiques &c;„ après avoir

parlé, page 15, de la véhémence avec laquelle Stevin, fameux Mathématicien du dernier fiecle, invectivoit contre ceux qui ne veulent pas que l'Unité foit Nombre; „ La vivacité qu'il apportoit
„ à cette difpute, ajoûté-je, a été
„ févérement reprife par le célebre
„ Auteur de l'*Art de penfer*, qui
„ trouve que le fujet ne la méritoit
„ pas. Dût-on me faire un pareil re-
„ proche, je ne puis m'empêcher de
„ dire que cette Queftion ne me paroît
„ rien moins qu'inutile; mais c'eft par
„ des raifonnemens folides, & non par
„ des figures de Rhétorique, qu'il faut
„ la décider. Je trouve pour moi que
„ penfer jufte fur quelque fujet que ce
„ puiffe être, eft toûjours quelque cho-
„ fe de fort louable: & j'eftime en par-
„ ticulier beaucoup plus une connois-
„ fance exacte de l'idée métaphyfique
„ du Nombre & de l'Unité, je la regar-
„ de comme quelque chofe de plus im-
„ portant

„ portant, de plus noble, & de plus di-
„ gne de l'excellence de notre esprit,
„ que de savoir toutes les Opérations
„ en quoi consiste le mérite de l'Arith-
„ méticien. „

Page 17. „ C'est un Principe vicieux
„ de toutes les Logiques que je connois-
„ se, & de celle de Port-Royal en par-
„ ticulier, de penser que les Définitions
„ des mots soyent plus arbitraires que
„ celles des choses. A les entendre, cha-
„ cun peut donner des Définitions de
„ mots à sa fantaisie, & l'on n'a pas
„ droit de contester là-dessus. Je ne sa-
„ che gueres de Principes plus fécond
„ que celui-là en méprises & en mal-en-
„ tendus dans les disputes philosophi-
„ ques; je pourois en citer quantité
„ d'exemples.

„ Quant à moi, je crois au contraire
„ qu'en définissant un nom, il faut né-
„ cessairement avoir égard autant qu'il
„ est possible à l'usage reçu, aussi bien
„ qu'à

„ qu'à l'ufage qu'on en fait foi-même.
„ Telle eft ma maxime. En conféquen-
„ ce toutes les fois qu'il s'agit de définir
„ un nom, j'examine d'abord fa fignifi-
„ cation dans l'ufage, & je me regle là-
„ deffus. Il ne s'agit plus enfuite que
„ de chercher le tour de phrafe le plus
„ propre à en exprimer l'idée. Surtout
„ je me fais une loi après la Définition
„ donnée, de ne la jamais perdre de vûe
„ dans les applications différentes que
„ je puis avoir occafion de faire du ter-
„ me en queftion, en forte que je fois
„ toûjours en état de fubftituer la Défi-
„ nition au Défini, fans crainte de me
„ trouver en défaut. La maniere dont
„ je m'y fuis pris pour fixer la vraye fi-
„ gnification du mot *Nombre*, poura
„ vous fervir d'exemple de ce que je
„ crois qu'on doit pratiquer, quand il
„ s'agit de définir un mot ou une chofe.
„ Car à mon avis c'eft tout un; & je
„ regarde comme très chimérique la
„ diftinc-

„ distinction qu'on en fait ordinaire-
„ ment. „

J'ajoûte ici, que quand cette distinction seroit réelle, ce que j'examinerai ailleurs, du moins l'attention de n'en mettre aucune dans l'exactitude qu'on s'y prescrit, n'est point indigne d'un Logicien.

Page 21. „ Tel est en général le soin
„ que j'apporte aux Définitions que je
„ vous propose. Je ne me flatte pas
„ toûjours de rencontrer bien, mais j'y
„ fais de mon mieux ; & vous ne trou-
„ verez jamais chez moi cette négligen-
„ ce choquante qu'on remarque à ce su-
„ jet dans presque tous les Livres de
„ Mathématiques. Il semble qu'on n'y
„ explique les termes que par maniere
„ d'acquit, & seulement pour satisfaire
„ à l'usage. On croit avoir tout fait,
„ quand on a mis en titre *Définition tant*,
„ & puis dessous une phrase quelcon-
„ que, intelligible ou non, & sûrement
„ jamais méditée. „

Enfin page 23. „ Les Livres de Ma-
„ thématiques fourmillent de choses qui
„ ne s'entendent souvent qu'à peine
„ après une application de deux heures
„ & qu'on pouvoit fort bien faire en-
„ tendre en deux minutes; mais il fal-
„ loit pour cela que l'Auteur qui n'a pas
„ mis deux minutes à en méditer l'ex-
„ plication, y eût employé ces deux
„ heures, qu'il fait perdre si mal-à-pro-
„ pos à ceux, à l'utilité desquels il pré-
„ tend dans la Préface avoir dévoué ses
„ veilles & ses travaux.

„ Il faut avouer qu'on n'avance gue-
„ res d'ouvrage en se prescrivant une
„ exactitude si scrupuleuse. C'est ce que
„ j'éprouve depuis lontems; mais sans
„ m'en laisser ébranler. Aussi n'ai-je
„ point l'ambition d'enfanter coup sur
„ coup de gros Volumes, abîmes de
„ science & d'obscurité, inintelligibles
„ jusques dans les choses les plus com-
„ munes; où l'on ne rencontre que des
„ véri-

„ vérités entassées les unes sur les autres
„ au hazard, plûtôt que recueillies avec
„ soin, & placées selon les degrés d'affi-
„ nité qu'elles ont entr'elles. Je n'ai
„ d'autre ambition, Messieurs, que de
„ vous présenter des idées nettes &
„ vrayes des choses les plus communes,
„ aussi bien que des plus relevées; per-
„ suadé que cela seul est capable de for-
„ mer l'esprit, & de lui donner cette jus-
„ tesse si vantée, dont on fait tant d'hon-
„ neur à l'étude des Mathématiques, &
„ dont cependant il est si rare de trouver
„ des exemples, même parmi les Mathé-
„ maticiens les plus profonds.„

C'est le ton sur lequel j'entretenois mes nombreuses Assemblées, à l'âge d'un peu plus de 20 ans. J'ai produit dans mes *Mémoires*, des témoignages authentiques de l'extrême satisfaction qu'on en avoit, & montré combien on me fesoit alors la grace, de me réputer

Mûr dès ma plus tendre Jeunesse.

Je n'avois pas lieu de préfumer, qu'au double du même âge, on dût me juger fi neuf dans la Science du Raifonnement.

Les Mémoires dont je viens de parler, & que j'ai déjà cités en quelques rencontres dans ce Volume, me fourniront maintenant les preuves les plus pofitives du genre de vie que j'ai toûjours mené, & de l'application fuivie, auffi bien que du vif intérêt, que j'ai portés de tout tems aux Spéculations philofophiques. Ce font trois Pieces d'une étendue affez confidérable; imprimées enfemble à la Haye en 1749, lontems, comme on voit, avant mon établiffement à Berlin. La derniere, adreffée à M. Augufte-Jean Buxtorf Pafteur de Bâle, eft du commencement de cette même année 1749. La premiere adreffée à M. Daniel Bernoulli remonte au 8 Mai 1745. Je ne dis rien de la feconde, parce qu'il n'y a dedans que peu de cho-

choses qui concernent mon sujet. On trouve dans les deux autres une peinture naïve de ce qui s'est passé dans mon esprit, tant par rapport à la Philosophie que par rapport à la Religion, depuis l'âge de 17 ans ; & ces détails n'ont point paru sans mérite à ceux qui en ont bien voulu prendre connoissance. Il est sûr même, que ce sont choses dont il ne seroit pas hors de propos qu'un Lecteur de cet Ouvrage fût au fait. Mais comme je ne fis tirer des Mémoires qu'un assez petit nombre d'exemplaires, il n'est pas facile de les rencontrer. Quelques morceaux que j'en vais extraire y suppléeront. Les Pieces sont en Hollande, en Suisse, & à Berlin, entre les mains d'assez de Personnes, pour garantir la fidélité de mes Extraits.

EXTRAITS
du Mémoire adressé à M. Daniel Bernoulli, le 8 Mai 1745.

Page 5 & suiv. Je suis un exemple de ce qu'a remarqué M. de Fontenelle en plusieurs endroits, & notamment dans l'éloge de M. votre Oncle, que la plûpart de ceux qui se sont appliqués aux Sciences, jusqu'à un certain point, ont été des rebelles à l'autorité de leurs Parens. Si cette espece de rebellion toute innocente qu'elle est, a été punie dans quelques-uns par une longue suite d'adversités, je puis dire que j'en suis encore un exemple bien sensible. Ma Famille m'avoit destiné au Barreau dès mon enfance: mon goût pour les Sciences fit au contraire naître en moi une si prodigieuse antipathie pour cette Profession, que je n'ai jamais pû me résoudre à l'embrasser; & il est presque inconcevable,

ble, Monsieur, ainsi que vous le jugerez vous-même, quelles ont été les suites d'une pareille opposition.

Bercé de l'idée qu'il n'y a rien de plus beau, de plus noble, que la profession d'Avocat, je m'y prêtai d'abord avec ardeur, jusqu'à ma Rhétorique que je fis avec tout l'éclat & tout le succès imaginable. C'est ce qui peut excuser l'espece de fureur où mon Pere s'est porté depuis, en voyant tromper son attente. Impatient de voir mes études achevées, son dessein avoit été de me faire passer immédiatement de la Rhétorique aux Ecoles de Droit en sautant la Philosophie; & le dirai-je, ignorant le prix de ce que j'allois perdre, je ne demandois pas mieux que de suivre ce parti, qui me paroissoit abréger la route. Mais un heureux conseil para le coup; & l'on trouva un milieu, qui fut de me faire commencer à la fois mon Droit & ma Philosophie; tant on comptoit sur l'application
infati-

infatigable, que j'avois toûjours montrée pour l'étude; ou peut-être aussi mon Pere comptoit-il que la Philosophie ne feroit pas beaucoup de tort au Droit, auquel j'aspirois si fort.

Tout le contraire est arrivé, Monsieur. Je sentis bientôt l'énorme différence qu'il y a, entre les Loix absurdes & bizarres, inventées par le caprice des Hommes, & les Loix immuables que la Physique nous découvre dans ce grand Univers, ces Loix dont la fécondité & la régularité constante donnent une si haute idée de la sagesse de leur Instituteur. Les Vérités surtout, que nous enseignent la Métaphysique & la Géometrie, ces Vérités éternelles qui élevent l'esprit au dessus des sens & de la matiere, acheverent de pénétrer mon ame d'un sentiment d'admiration, qu'elle n'avoit point encore éprouvé, quelque haute qu'eût été mon estime pour l'Eloquence. Ainsi je ne balançai plus: il ne me fut pas même

même possible de me partager: je me livrai sans réserve aux nouveaux charmes que m'étaloient des Objets, que je n'avois négligés jusqu'alors, que parce qu'ils m'étoient inconnus. La Philosophie eut toutes mes veilles, & toute mon application.——

On ne tarda pas à s'appercevoir, que mes progrès étoient assez foibles du côté de la Jurisprudence. Ceux qu'on me voyoit faire dans toutes les parties de la Philosophie, furent cause que mon Pere ne s'alarma pas beaucoup. On lui avoit fait comprendre combien l'esprit philosophique donne à l'Orateur de force & de supériorité; & ne soupçonnant point l'entiere révolution qui s'étoit faite en moi, il consentit que suivant l'usage ordinaire je ne m'appliquasse sérieusement au Droit, qu'après que j'aurois achevé ma Physique. Il se flattoit que je reprendrois alors avec plus d'ardeur le genre d'études auquel il me destinoit.

Mais

Mais mon parti étoit pris sans retour, & je déclarai nettement, lorsque ce terme fut expiré, que je n'embrasserois jamais une Profession, où, après s'être rempli la tête pendant plusieurs années d'un fatras de Loix ridicules, presque toûjours contradictoires les unes aux autres, il falloit ensuite consacrer le reste de sa vie, à se mettre au fait des chétifs intérêts de misérables Plaideurs; à écouter leurs prétendues raisons, ou plûtôt leurs fourbes & leurs impostures; enfin à leur vendre ses talens & sa parole, le plus souvent contre ses propres sentimens, au mépris des lumieres intimes de sa Conscience.

J'écrivis à mon Pere sur ce sujet quelques lettres si fortes, & qui furent tellement applaudies des personnes, auxquelles il les communiqua, qu'il ne put s'empêcher d'en paroître ébranlé. Il se relâcha même un peu sur ses prétentions; il cessa de me borner à la Profession

sion d'Avocat, & m'en proposa lui-même une autre, sur laquelle il me fesoit la grace de laisser mon choix libre. Mais c'étoit en vérité quelque chose de bien étrange que cette alternative. Si l'on pense que je suis Fils unique, & à la circonstance de l'Eglise Romaine, soupçonnera-t-on que c'étoit celle de la Chaire & du Barreau? Cependant il m'ordonnoit d'opter, sous peine d'encourir son indignation. ——

Mon Pere étant d'une humeur fort violente, j'avois bien lieu de m'attendre que j'aurois beaucoup à souffrir. Je ne laissai pourtant pas de prendre la résolution, quelque chose qui pût arriver, de n'accepter aucun des deux partis qu'on me proposoit. Soûtenu par mon caractere naturellement peu flexible, je ne m'alarmai point. Je sentois trop que j'avois beaucoup plus à redouter un genre de vie qui me rendroit malheureux pour toûjours, qu'un orage passager, qui, quelque furieux qu'il pût être, devoit avoir son tems. Ainsi je tins ferme contre toutes sortes de mauvais traitemens, & contre les menaces de pis.——

[Ici, sont plusieurs Faits, jusqu'à l'entreprise de mes *Conférences publiques & gratuites*; à l'occasion de quoi vient ce qui suit.]

Page 27, & suiv. Ayant reconnu par expérience, & par diverses épreuves soûtenues du témoignage & des assurances d'un nombre de Personnes éclairées, que mon principal talent étoit celui de rendre avec netteté les idées que j'avois une fois parfaitement conçues, & de répandre dans mes explications des vûes neuves & philosophiques, peut-être plus propres à former l'esprit que des connoissances profondes en un seul genre; j'ai tâché de mettre à profit cet heureux don, & je me suis tenu pour ainsi dire à l'entrée de toutes les Sciences, pour contribuer utilement à y introduire la Jeunesse.—— C'est à applanir la route
que

que j'ai toûjours dirigé ma principale application. Et vous le dirai-je, Monſieur, mes ſuccès de ce côté-là ont été tels, qu'on en eſt venu à me reprocher ſérieuſement, d'enlever à la Géométrie ſa plus grande utilité, en diminuant ſi fort l'exercice qu'elle donne à l'eſprit par la difficulté de ſes démonſtrations. Jugez par ce reproche, à quel point des Perſonnes, qui ne m'étoient pas trop favorables, étoient forcées de convenir de la facilité qu'on trouvoit à m'entendre.

Je n'entrerai dans aucun détail ſur ma méthode; cela ſeroit trop long. Tout ce que je puis dire, c'eſt qu'à l'aide d'une diſpoſition nouvelle des matieres, je ſuis à-peu-près parvenu à faire que la plûpart des Propoſitions ne fuſſent plus que de ſimples Corollaires les unes des autres, dont l'eſprit pût appercevoir la vérité ſur l'énoncé-même, & preſqu'à la ſeule inſpection de la figure. Non ſeulement j'ai grand ſoin d'éviter ces constructions accablantes dont on charge les démonstrations: à peine trouve-t-on dans les miennes une ligne étrangere à la figure, dont je veux faire connoître les propriétés. Une légere attention à ce qu'on a déjà découvert suffit le plus souvent. Les Propositions deviennent à toute rigueur, par cette méthode, de vrais Corollaires: j'entens par là que les dernieres se tirent de celles qui précedent, & qu'elles s'en tirent toûjours avec autant d'évidence que de certitude. Car *les véritables Corollaires*, selon la remarque d'un de nos Auteurs les plus ingénieux,* *peuvent être appellés, & sont en effet les Axiomes des Savans*; c'est-à-dire qu'ils ont toute la clarté des Axiomes pour celui qui a le degré de connoissance nécessaire, lorsque ces Propositions se présentent à lui. Il ne s'agit donc que de présenter les choses à tems, & de les mettre à leur place, pour les réduire à la clarté des premiers Princi-

* Le R. P. Castel. pes.

pes. C'est dans ce sens, que j'ai prétendu rendre la plûpart des Théoremes de Géométrie de simples Corollaires, ou presqu'autant d'Axiomes, qui pour être conçus n'ont plus besoin que d'une explication de peu de lignes, & non d'une longue & pénible démonstration.

Un autre but que je me proposois encore, c'est que l'Etude des Mathématiques devînt une espece de Cours de Logique, propre à former l'esprit par des réflexions utiles, & à le disposer peu-à-peu *aux Idées purement intellectuelles de la Métaphysique.** C'étoit si bien là mon dessein, que chaque année

---

* Cela est positif; mais les choses sont comme je le dis. J'en suis fâché pour les Auteurs de la plaisante Idée, qui veut, *que je n'aye songé à la Philosophie que depuis mon entrée dans l'Académie des Sciences.* Et ce qui me fâche le plus pour eux, c'est qu'ils n'ayent point ignoré ces Faits; ayant, dès avant ce tems-là-même, reçu mes Mémoires de ma propre main.

je donnois un petit Traité de Logique abrégée, pour mettre mes Auditeurs en état de me suivre, & de régler leur pas sur la marche que je leur fesois faire. Mes Démonstrations étoient donc presque toutes dans le genre métaphysique, c'est-à-dire uniquement fondées sur la nature des choses, sans le secours de quoi que ce soit d'étranger; & cependant contre l'attente de bien des personnes à qui je m'étois ouvert de mon projet, le succès en fut le plus heureux. J'ai éprouvé par là, qu'en s'y prenant bien, il étoit beaucoup plus aisé qu'on ne s'imagine, d'accoûtumer les Hommes à penser & à réfléchir. Ces Démonstrations intellectuelles se sont trouvées plus du goût & plus à la portée de la Multitude, que les Démonstrations dans le genre géométrique, en sorte que, lorsque faute de mieux j'étois réduit à n'en donner que de cette derniere espece, on en murmuroit, & l'on m'exhortoit à faire

re effort pour en trouver d'autres: ce qui m'a quelquefois piqué d'honneur, au point, que l'ayant entrepris contre mon espérance, j'ai eu lieu de ne me point repentir des nouvelles tentatives où l'on m'avoit engagé. Pour ce qui est des Démonstrations par le Calcul, je me les suis toûjours interdites dans les simples Elémens, & je ne me les suis permises dans les Matieres plus avancées que lorsqu'il ne m'a pas été possible de faire autrement. Pour vous en dire ma pensée sans détour, cette voye ne me paroît gueres préférable à celle du pur mécanisme. Le Calcul est un instrument bien ingénieux sans doute, & qui fait un honneur immortel à ceux qui l'ont inventé, ou qui en ont perfectionné l'usage: mais il n'en fait pas à mon avis beaucoup à la capacité de ceux qui ne font que s'en servir après eux, à moins que ce ne soit pour s'aider à aller plus loin. C'est bien pis, quand on est comme possédé de la fureur de l'employer dans les moindres Démonstrations, sans nécessité. Qu'y peut-il servir, qu'à convaincre l'esprit, sans l'éclairer jamais ? Et n'est-ce pas au contraire à éclairer l'esprit qu'on doit s'appliquer avec soin, puisque la conviction suit infailliblement la lumiere, au lieu qu'il s'en faut bien que la lumiere suive toûjours la conviction, même la plus parfaite ?

[Le reste de la Piece renferme les Preuves de ce que j'avance, avec quelques autres Faits. Je passe au second Mémoire. On vient de voir chez moi des traces très anciennes, tout au moins, du Génie métaphysique. En voici de la Métaphysique-même, & de l'intérêt le plus vif pour les importans Objets qu'elle présente.]

EXTRAITS
du Mémoire adressé à M. Auguste-Jean Buxtorf, le 16 Février 1749.

Page 220, & suiv. Né dans le sein du Catholicisme, j'avouerai que j'en ai suivi toutes les erreurs assez lontems, de la meilleure foi du monde, & même non sans une sorte de zele; suite de la vivacité & du feu de mon tempérament. Ce ne fut gueres qu'à l'âge d'environ 18 ans, que la Philosophie vint tout-à-coup me désiller les yeux. La révolution fut si subite, qu'autant que je m'en souvienne, de la premiere réflexion qui me fit naître un doute, jusqu'à l'entiere persuasion que j'étois né au milieu d'un amas d'extravagances, il n'y eut que le court espace d'une nuit, mais bien pleine de troubles, d'agitations, & d'alarmes.

Avant de vous en raconter les suites, Monsieur, je dois vous avertir que ce n'étoit point en un sens la premiere variation de ma Foi. Elle avoit déjà passé par deux états; en quoi l'on auroit tort de m'accuser d'inconstance. Le Lecteur équitable aura la bonté de n'y voir, que l'effet de cette puissance irrésistible, qui façonne à son gré l'ame d'un tendre Enfant; je veux dire la force de l'Education.

Tout le monde connoît les deux importantes Sectes, qui divisent aujourd'hui les Catholiques de France; le Molinisme *triomphant*, & le *militant* Jansénisme. Mes Parens étant de ce dernier parti, j'en fus donc, cela va sans dire. Imaginez-vous, Monsieur, un petit Janséniste fort animé contre *ces Molinistes qui ne croyent pas la Toute-puissance divine*. Je ne doutois pas d'un mot que l'accusation ne fût véritable. Foi de Charbonnier, comme dit le Proverbe! Aussi ne savois-je encore que ce qui m'étoit enseigné.

Vers l'âge d'environ 14 ans, mon Pere pour me difpofer davantage à devenir quelque jour une ferme colonne de l'Eglife fouffrante,* s'avifa par le confeil de cinq ou fix Dévots de la Secte, de me mettre Penfionnaire dans une Maifon, qui étoit alors la fine fleur du Parti Quefnélifte, une vraye pépiniere d'Appellans, le College de Ste. Barbe. Mais, (par une finguliere rencontre,) à peine y avoit-il trois jours que j'y étois, qu'un ordre du Roi vient enlever nos Maîtres, & nous en donne d'autres, choifis pour bons & zélés Conftitutionnaires. Quel coup! C'étoit comme une feconde deftruction de Port-Royal. Ma Famille eût fort fouhaité me retirer pourlors; mais elle n'ofa point. Me voilà donc en de nouvelles mains, cire

encore

* Il faut remarquer que c'étoit-même une difpofition de plus pour me diftinguer dans le Corps des Avocats, dont le zele s'eft toûjours fignalé contre la *Conftitution*.

encore bien molle & bien flexible. Nouvelle Doctrine, nouvelles Instructions, nouveaux Préceptes: nouvelle Foi par conséquent; & l'on me vit bientôt aussi animé contre *ces Hérétiques, qui font Dieu l'unique Auteur du mal*, que je l'avois été d'abord, contre ceux que je croyois restraindre la Puissance divine.

Au reste, Monsieur, quoi qu'en disent les Jansénistes, il est très sûr que les bonnes Etudes & la Piété, (j'entens une Piété à la Catholique,) n'ont pas moins fleuri dans la nouvelle Ste. Barbe que dans l'ancienne; & je puis dire aussi, que je m'y suis également distingué par l'un & par l'autre mérite. Je fus chéri, considéré de mes Maîtres, & comme un bon Ecolier qui leur fesoit honneur par ses succès, & comme un Enfant rempli de sentimens de Religion. ——

Après avoir fini mes Humanités, je parvins en Philosophie à l'âge de 17 à 18 ans;

18 ans; & ce fut cette année, Monsieur, qui vit la grande révolution de ma Foi. Dès mon Enfance, j'avois toûjours extrêmement pensé, & réfléchi sur tout; souvent même, fort embarassé mes Maîtres, par les questions & les difficultés que je leur fesois. Ce fut bien pis, quand je me vis revêtu du beau titre de Philosophe: je devins un vrai Rêveur. Je fis d'abord assez peu de cas de la Logique; mais charmé de la Métaphysique, j'allai la puiser dans les sources. Descartes, Malebranche, Nicole, furent mes premiers guides. Pour Locke & Leibnitz, il semble que je ne les aye connus plus tard, que pour avoir la satisfaction de me rencontrer avec eux sur des articles très importans. Car quoique j'étudiasse les autres avec tout le soin dont j'étois capable, c'étoit néanmoins dans l'excellente disposition d'Horace;

Nullius addictus jurare in verba Magistri.

Mon Professeur savoit bien me le dire,

&

& ne me désignoit presque que par ce vers, qu'il m'étoit arrivé de lui citer un jour assez indiscrettement. Non qu'il voulût me reprocher mon indépendance, ni qu'il eût quelque chagrin de ce que je négligeois un peu ses Cayers. Il me savoit au contraire tout le gré possible de la route que j'avois choisie, & prenoit tant de plaisir à disputer avec moi, qu'il en vint jusqu'à me donner une entiere liberté de ne parler que François, parce qu'il s'appercevoit que ma prodigieuse vivacité ne me permettoit pas d'ajuster mes idées en Latin avec la même force & la même netteté. Condescendance qui m'a fait perdre tout-à-fait l'usage de la Langue Latine, que je me pique d'entendre & de goûter, autant que qui que ce soit, mais dans laquelle il ne m'est pas possible de m'énoncer.

Au milieu des Méditations que je ne cessois de faire, je ne sais comment un beau jour il m'arriva de toucher la cor-
de

de fatale. Un beau jour ! je devrois dire une belle nuit : car je me souviens qu'elle fut très belle ; il n'y avoit pas un nuage au ciel, & ceux de mon esprit se dissipoient. Je la passai presque sur pied, me levant, me couchant, me promenant, m'agitant, rêvant, priant ; ouï priant Dieu de tout mon cœur d'éloigner de moi ce que je regardois comme une épouvantable Suggestion de l'Enfer ; revenant ensuite à ces mêmes idées, & trouvant toûjours au bout du compte, qu'il se pouvoit très bien que les trois quarts de ce que je ne croyois que sur la foi d'autrui, en matieres de Religion comme en toute autre chose, ne fût dans le fond, qu'Erreurs, Absurdités, Blasphèmes peut-être, qu'une odieuse Idolâtrie sous un nom sacré.

C'étoit la premiere fois de ma vie, que cette pensée m'étoit venue, & m'en étant occupé avec ma vivacité ordinaire, je ne pus fermer l'œil de la nuit. Me voilà ;

voilà : moi-même, vous dis-je, moi-même peint d'après nature ; prenant tout à cœur ; me fesant une affaire de tout ; pouſſant, pénétrant, retournant, approfondiſſant, épuiſant toutes les idées, ſi tôt qu'elles ſe préſentent à moi, & ne diſcontinuant point d'uſer de cette maniere le foible & chétif étui de mon Ame, plus par la réflexion en un mois, que d'autres ne s'uſent en dix années par les exercices les plus violens.

Du moins, Monſieur, jamais plus importante Méditation n'eût-elle droit de s'emparer de mes facultés. Le malheur, c'eſt que je m'y livrai trop, & que ce bouleverſement total de celles de mes Opinions pour leſquelles j'avois été juſqu'à ce moment dans le plus ſaint reſpect, cette étrange révolution, ce changement ſubit, m'entraîna d'abord dans un excès que je déplorerai toûjours, quelque courte qu'en ait été la durée. Comment ſe tenir dans de juſtes limites

après

après un ébranlement pareil ? Tombé du point le plus élevé de la Superstition, l'impulsion de la chûte ne peut mener naturellement qu'au degré le plus haut de l'Incrédulité. Heureux, & trois fois heureux, qui ne trouve point alors dans sa propre dépravation, quelques misérables attaches capables de l'y retenir! Bientôt une nouvelle chûte le ramene, il est vrai, tout près de son premier état. Il poura bien être porté de la sorte, un tems, par des secousses alternatives: mais il faut qu'elles finissent; & ces balancemens divers ne peuvent que venir fixer ses incertitudes dans le tranquille repos de la Vérité.

C'est en partie ce qui m'arriva. Mes doutes, de méthodiques qu'ils étoient selon le précepte de Descartes, au lieu de s'en tenir à ce point, franchement aussi un peu chimérique, passerent outre, & dégénérerent tout-à-coup en un Pyrrhonisme absolu, si insensé, que sa folie même devint son remede. Triste & funeste expérience, qui cependant a eu cet avantage, de me faire découvrir la meilleure maniere, je crois, dont on puisse s'y prendre pour traiter le plus grand nombre des Incrédules. Si leur Pyrrhonisme est à un certain excès, & qu'il dure quelque tems dans cet excès, ne nous en mêlons point; l'affaire est désespérée. Il faut qu'il y ait dans l'esprit, ou dans le cœur, un vice ou un dérangement général de constitution.—— Mais si c'est un Pyrrhonien qui se contienne dans un doute plus modéré, & que néanmoins les raisons ordinaires n'ayent fait que blanchir contre, comme c'est la coûtume; voici le remede, dont l'épreuve m'a réussi sur plus d'un Ami malade. Faites-lui franchir vous-même ce terme où il se contient: poussez ses Principes à toute rigueur; suivez-en toutes les Conséquences; ne de-

demeurez pas à moitié chemin; entraînez votre Homme avec vous; qu'il trouve son Maître en incrédulité; qu'il ne soit à votre égard qu'un Disciple borné, qui n'a pas sû pénétrer les importantes maximes, les sublimes secrets de la savante Ignorance; qu'il n'y ait plus ni Vérités, ni Vertus, ni Loix, ni Devoirs, ni Lumiere, ni Soleil, ni Terre, ni Monde; ne sachons plus si nous dormons ou si nous veillons; ne sachons pas même ce que c'est que dormir, veiller, penser; essayons aussi de ne pas savoir si nous existons. Je vous assure que le plus mitigé Pyrrhonisme descend-là plus vîte, qu'il ne remonte vers le Dogmatisme le moins décidé; & si l'Athée n'y descend pas toûjours, c'est qu'il n'est pas plus conséquent qu'un autre. Forçons-le donc à sentir toutes ces conséquences. Une si étrange extravagance, liée nécessairement à ses

Principes, n'eſt-elle pas ce qu'il y a de plus propre à lui en cauſer une juſte horreur?

[Ici vient le détail des Recherches & des Démarches où me jetta le changement qui s'étoit fait en moi; entr'autres mes Entretiens avec le célebre Pere Tournemine Jéſuite, & quelques Lettres que je lui adreſſai, en vrai Jeune-Homme, en 1735. Ces Lettres ont été tirées de mes Mémoires & réimprimées, en 1750, ſans ma participation, ſous le titre de *Philoſophiques*. Elles ont cependant aſſez de philoſophique, pour faire beaucoup à mon Sujet: en voici quelques Morceaux.]

EXTRAITS

des Lettres adressées au R. P. Tournemine, en Mars 1735.

Page 240. des Mémoires. Si l'on discute le Dogme de la Présence réelle en Théologien, sur des Passages, des Autorités, des Traditions, j'y trouve de grandes difficultés. Mais si c'est en Philosophe qu'on l'examine, & par les lumieres du bon sens & de la raison, la chose est bien différente. Aussi ne suis-je point étonné de l'antipathie que vous avez à traiter la question de cette façon-là, tout grand Philosophe que vous êtes, & quoique vous n'ayez affaire qu'à un apprenti Raisonneur, qui n'auroit rien de redoutable, si ce n'étoit l'excellence de sa these. Cependant, ô mon très cher & très révérend Pere, si comme mon Guide & mon Conducteur vous avez droit de me tracer la route que vous croyez la plus convenable; en qualité de mon Médecin, vous devez avoir la complaisance pour un foible Malade de vous prêter un peu à ses fantaisies. Or je vous déclare que je n'ai point la force de vous suivre dans cette route théologique, où vous voudriez m'engager; vrai Labyrinthe, Dédale immense de querelles & de discussions à ne jamais finir. Je ne me suis que trop harassé sur vos pas dans nos premieres conférences; je n'ai que trop essuyé de fatigantes controverses. Permettez-moi de vous le dire, les efforts que j'aurois à faire de nouveau pouroient rouvrir mes playes.——— En un mot je ne vous garantis point que je ne retombe dans tout mon Pyrrhonisme, s'il faut que mon esprit soit accablé plus lontems de prétendues preuves qui n'ont jamais eu d'autre effet que d'augmenter mes incertitudes.

Page 242. Il me semble que la route que

que je prens eſt bien la plus courte, quoiqu'elle ne ſoit que le rebours de la vôtre. Car le proverbe, qu'il n'y a pas plus loin de Paris à Rome que de Rome à Paris n'eſt point toûjours vrai, M. R. P; ou ne l'eſt que pour les oiſeaux, qui vont d'un terme à l'autre, en volant d'une aîle légere, à travers un air qui réſiſte peu. Mais les animaux, obligés de ramper, & de ſe traîner terre-à-terre, comme nous feſons dans nos raiſonnemens & dans nos démonſtrations, trouvent une grande différence, ſelon que le terrain monte ou deſcend; ſelon qu'il faut ſe roidir pour atteindre à la ſource des vrais Principes, ou bien ſe laiſſer aller ſans effort au cours paiſible des Conſéquences.

Page 244 & 245. La Raiſon n'étant qu'un rayon & qu'une émanation de cette lumiere immenſe qui brille en Dieu, ou plûtôt qui eſt Dieu-même, s'il eſt évident d'une part qu'il doit ſe

trouver

trouver dans cet Océan de connoissances une infinité de choses qui ne sont point dans cette Goute dont nous avons participation, il est également certain de l'autre, à cause de l'uniformité constante de la Nature divine & du parfait accord de ses Attributs, que cet Océan, tout immense qu'il est, ne doit rien renfermer d'hétérogene aux parties de la Goute qui en a été détachée, pour ainsi dire.——— Une de ces éternelles Vérités, qu'il n'est pas au pouvoir de Dieu-même de renverser, c'est celle-ci qu'une chose ne peut pas être ronde & quarrée tout à la fois. Oh bien, M. R. P., j'espere vous démontrer, que si la présence réelle d'un même Corps en plusieurs lieux étoit possible, un même Corps pouroit être à la fois rond & quarré. Je dis que c'est expressément la même chose; que l'un emporte l'autre; que l'un suit de l'autre.

[Ici vient la Démonstration qui n'a d'autre défaut

défaut que d'être un peu diffuse. La louable coûtume du bon Pere, de ne point comprendre ce qui n'avoit point de réponse, m'obligeoit de retourner mes pensées de bien des façons.]

Page 254 & suiv. De là le fréquent usage, en matieres de Métaphysique, de cette chimérique distinction entre *Naturel & Surnaturel*; comme si dans Dieu tout n'étoit pas également naturel & surnaturel; naturel par rapport à lui; surnaturel par rapport à nous. —— Ce galimatias a si bien pris le dessus dans le langage des Théologiens & des Philosophes, qu'il n'est pas rare de voir des gens de beaucoup de mérite, se payer de ces mots vuides de sens. C'est ce qui me fait craindre, je vous l'avoue, que vous ne vouliez ici, non pas vous en payer, M. R. P.; vous savez trop bien qu'en penser; mais m'en payer, moi, faute de meilleure monnoye. Je vous déclare donc que je ne suis point d'humeur à la recevoir; & je vous répete, que quand je parle de possibilité ou d'impossibilité dans Dieu, je n'en connois point qui ne soit naturelle par rapport à lui, & surnaturelle par rapport à nous : c'est-à-dire que tout ce que Dieu peut faire, je conçois qu'il le peut, parce que cela est conforme à sa Nature ; & que ce qu'il ne peut pas faire, je conçois qu'il ne le peut pas, parce que sa Nature & sa divine Essence y répugnent. Ainsi tout cela est fort naturel en lui : mais par rapport à nous, tout ce qui vient de Dieu est absolument surnaturel, parce que ses moindres Actes sont élevés de tout l'infini au dessus de notre chétive & misérable Nature.

Je sais que par *Naturel*, on entend quelquefois ce que Dieu a coûtume de faire, ce qui est selon l'ordre établi ; & que par *Surnaturel*, on entend ce que Dieu ne fait pas ordinairement, ou ce qui est contraire à cet ordre selon lequel il conserve le monde. Mais cette distinction,

tion, plus raisonnable en ce sens, ne peut être ici d'aucun usage. Car quand on convient, comme le font aujourd'hui la plûpart des Théologiens & des Philosophes, que Dieu ne peut point changer les essences des choses; cela ne signifie pas seulement qu'il ne le peut point par une Action naturelle, c'est-à-dire conforme à ce qu'il a coûtume de faire, & qu'il le pouroit par une Action surnaturelle différente de celle-là. Non certainement, M. R. P., ce n'est pas ainsi qu'on l'entend. Eh que voudroit-on dire? Cela signifieroit que Dieu ne peut pas faire les choses, quand il ne les fait pas, mais qu'il le peut quand il les fait: cela signifieroit qu'il ne peut pas changer les essences des choses, quand il ne les change pas; mais qu'il le pouroit, dès qu'il s'aviseroit de les vouloir changer: au lieu que quand on dit qu'il ne peut pas changer les essences des choses, cela veut dire, qu'il ne le peut en aucune ne maniere, soit *naturellement*, soit *surnaturellement*, ou même *archi - surnaturellement*, si vous voulez.

Ainsi c'est à toute rigueur, que Dieu ne peut point faire qu'une chose soit, & ne soit pas à la fois, qu'une chose soit d'une façon & d'une autre façon tout ensemble, qu'une chose soit ronde & quarrée dans le même tems; & par conséquent aussi, M. R. P., c'est à toute rigueur, & selon toute l'énergie possible de nos paroles, qu'il ne peut pas faire non plus qu'un même corps existe à la fois en divers lieux.

[Ce qui précede est tiré des trois premieres Lettres qui furent effectivement envoyées. Suivent cinq Lettres qui n'eurent garde de l'être, & desquelles, aussi bien que d'une vingtaine d'autres dont je ne donne que le projet dans mes Mémoires, il est dit page 262, (ce qui est très vrai;) qu'*outre les traits lumineux que quelques-unes empruntent de la Métaphysique, elles ont pour la plûpart un sel de ridicule, dont les pointes ne sont gueres moins*

moins redoutables que le poids des Démonstrations. Je n'en rapporterai qu'un morceau sur les *Entitatules Péripatéticiennes*, au sujet des *Espèces* ou *Apparences Eucharistiques*.]

Page 298, & suiv. Telle est la dure loi, à laquelle ces fameuses Fées de l'Ecole ont été assujéties de ne pouvoir exister seules. L'Entité *Rondeur*, par exemple, ne peut de sa nature subsister sans le secours d'un corps où elle réside, & qu'elle constitue *rond* par sa présence. Autant en doit-on dire de toutes les autres Entitatules : du moins étoit-ce leur rigoureuse condition tant qu'elles sont demeurées Payennes comme leur Pere, ou qu'elles ont été dans le sein du Mahométisme[*] ; mais devenues Chrétiennes, leur sort s'est adouci. La Théologie, de son plein droit, a prononcé que *surnaturellement* elles pouvoient subsister seules, sans support, sans sujet quelconque.

[*] Dans la vérité, c'est des Arabes plûtôt que d'Aristote, que les Scholastiques les ont empruntées.

conque. En conséquence, le pain Mystique n'offrit plus aux sens étonnés, que rondeur sans rien qui fût rond, blancheur sans rien qui fût blanc, fadeur sans rien qui fût fade, & mille autres raretés pareilles.

——On ne l'entendoit pas autrement au Concile de Trente. Le St. Esprit ayant oublié depuis lontems tout le Platonicisme, dont il étoit imbu dans les premiers siecles de l'Eglise, ce n'étoit plus qu'à la Péripatéticienne qu'il inspiroit alors. Vous n'eussiez pas trouvé dans toute la Catholicité une tête savante qui pour expliquer les Apparences ou Especes Eucharistiques, ne vous eût dit, qu'après les paroles de la Consécration la substance du Pain étant détruite & transmuée en celle du Sauveur, les Entitatules qui étoient en elle, continuoient d'exister par un privilege spécial, quoique sans aucun sujet où elles résidassent. Seulement quelques Docteurs auroient pré-

prétendu, que ces Entitatules ne subsistoient pas absolument parlant sans sujet, mais qu'elles avoient pour support le Corps de Jésus-Christ-même, où elles résidoient, sans avoir la force de le modifier, en sorte que Jésus-Christ eût en lui la rondeur sans être rond, la petitesse sans être petit, la fragilité sans être fragile, & ainsi des autres: ce qui revient toûjours à conserver aux Entitatules une existence surnaturelle.

―― Voyons l'explication introduite à l'aide de la Philosophie Cartésienne. Descartes est venu qui a fait main-basse sur les Entitatules. Il a totalement décrédité ces Etres chimériques. Toutes les propriétés des Corps, toutes leurs qualités, toutes leurs apparences, se réduisent selon sa doctrine à diverses sortes de configurations internes ou externes, produites par les loix du mouvement d'une façon intelligible. ――

N'est-il

N'est-il pas scandaleux, Mon Pere, que votre Théologie ait persécuté dans sa naissance une Philosophie si lumineuse. Enfin il a fallu se reconcilier. Il s'est fait un accommodement, où il n'y a eu qu'à gagner pour les Théologiens & qu'à perdre pour les Philosophes. Voyons donc les idées Cartésiennes entées sur le Catholicisme; voyons la plus saine Philosophie se prêter à la Théologie la moins raisonnable.

[On conçoit que ce qui suit ne peut qu'appartenir à la Métaphysique : mais je crois qu'il est à propos d'y renvoyer le Lecteur, & de terminer ici ces Extraits.]

CONCLUSION
de
toute la Piece.

Je pourois tirer de mes Mémoires beaucoup d'autres Preuves, qui ne le céderoient point aux précédentes; il suffira de les indiquer en finissant. En voici une seulement, qui demande un peu plus de détail.

A la page 320, en parlant de quelques Lettres qui devoient suivre, & qui étoient le résultat de mes entretiens avec le R. P. Tournemine, je dis, qu'entr'autres *je m'y jettois dans une Métaphysique assez profonde, pour examiner s'il n'est pas possible, en un sens au moins, qu'un Corps existe à la fois en plusieurs lieux.* Là-dessus je raconte un trait de nos entretiens, que ceux qui l'ont lû ont trouvé tout-à-fait intéressant. Il s'agissoit d'un Paradoxe, par lequel j'avois d'abord déconcerté la gravité du R. Pere,

Pere, en poussant sa patience à bout; ensuite ayant obtenu son attention, j'en avois tiré le témoignage le moins équivoque de son entiere conviction, aussi bien que de sa surprise, dans ce discours qu'il me tint. ,, (Page 326.) Mon Ami,
,, me dit-il, que la justesse de cette sin-
,, guliere idée ne vous rende pas plus
,, vain! Bien loin que vous deviez en
,, devenir plus intraitable à l'égard de
,, nos saints Mysteres, c'est un motif de
,, vous soûmettre que je ne doute point
,, que la bonté du Ciel ne vous procure.
,, Voyez-vous que souvent ce qui pa-
,, roît déraisonnable, ne paroît tel, que
,, parce qu'on ne l'envisage pas comme
,, il faudroit? Vous vous révoltiez con-
,, tre toute existence en divers lieux; &
,, voilà qu'aujourd'hui vous ne laissez
,, pas vous-même, d'en établir une d'u-
,, ne maniere incontestable. Quel Para-
,, doxe venez-vous de mettre dans un
,, jour si démonstratif! Qui ne convien-
,, dra,

,, dra, qu'il semble d'abord beaucoup
,, plus incompréhensible que le Dogme
,, même de l'Eglise Romaine? Tirez
,, donc de là, Jeune Homme, conti-
,, nuoit-il, tirez de là cette utile leçon,
,, qu'un Dieu du moins, s'il le vouloit,
,, pouroit vous faire voir la possibilité
,, de ce même Dogme, que vous trai-
,, tez si hautement d'absurde & de con-
,, tradictoire. ,,

Bien des personnes, sur qui l'Explication du Paradoxe métaphysique dont il s'agit, a eu le même effet que sur le R. Pere, m'ayant exhorté de la rendre publique, (car je ne l'ai point donnée dans mes Mémoires, & elles ne l'ont eûe que de vive voix;) j'avertis qu'on la trouvera dans le Volume suivant: non que la Piece soit actuellement au nombre des *Académiques*, mais parce que je compte lui en faire prendre le droit dans quelques semaines; & elle n'en est point indigne. En se rappellant alors la Date où remonte l'idée qui en fait le sujet, il sera facile de suppléer ce qui manque ici.

Je pourois ensuite remettre sous les yeux du Lecteur, si je ne craignois un juste reproche d'affectation dans un étalage de preuves de cette nature; je pourois, dis-je, remettre sous les yeux du Lecteur ces Témoignages authentiques de la satisfaction & de la reconnoissance de mes nombreuses Assemblées: Témoignages * dans lesquels on se loue expressément *d'un Maître encore mineur*, mais *profond dans les Sciences abstraites*, mais *mûr dans sa jeunesse*, qui s'applique *à former des Philosophes*, autant que des *Mathématiciens*, que *le Doute conduit à se mieux convaincre*, qui *porte partout la Lumiere*, qui *saisit les Principes secrets de chaque chose*, qui *entre dans l'Homme & en sonde l'abyme*, dont *la Métaphysique épurée met dans le plus grand jour* tout

ce

---

* Page 33, 35, 40, 46, & 167.

ce qu'elle propose, & force l'estime où elle ne peut obtenir l'assentiment, &c.

Je pourois produire en même tems ce qui est dit dans ces Témoignages,* ou ce que je rapporte moi-même en son lieu, du déchaînement de mes Ennemis, de leur rage contre moi, de leurs intrigues continuelles, & des bruits qu'ils semoient sans cesse; *qu'on m'avoit enfermé; ou que mes Conférences m'étoient interdites; que c'étoit une Ecole d'impiété, où, sous prétexte de digressions sur différentes matieres, j'avois l'art d'amener les principes les plus pernicieux à la Société, & les plus contraires à la Religion.* Preuve qu'il s'y agissoit souvent, & de Philosophie, & de Métaphysique; & preuve aussi, par parenthèse, que les Honnêtes-Gens du 20ᵉ. degré de longitude ressemblent à ceux du 31ᵉ. à s'y méprendre.

Enfin

---

* Pag. 42, 46, 50, 55, 201, 356 & suiv.

Enfin ce ne feroit pas non plus une médiocre démonſtration, que celle que je tirerois de pluſieurs endroits de mes Mémoires, où je parle d'Ouvrages que j'avois quelque deſſein de publier dès le tems de ma ſortie de France, en 1744. Et des Ouvrages, ſur quoi ? Entr'autres, en propres termes page 167; *Quantité d'idées ſur les Principes des choſes.* C'eſt bien de la Philoſophie, & de la Philoſophie ſpéculative; c'eſt bien de la Métaphyſique. Quand donc, au bout de dix à douze ans, parvenu à un état fixe, ou à-peu-près; attaché, par choix, à des fonctions qui m'appellent à produire ces Ouvrages, je commence en effet à les produire; il me ſemble, que je puis aſſurer, que ce n'eſt pas *ſans y avoir réfléchi lontems*. Il me ſemble qu'il y a plus que du mauvais procédé à m'en donner le Démenti; plus qu'une étrange malignité, à ſoûtenir, à répandre, malgré la connoiſſance qu'on a de ce qui précede, de, qu'érigé tout-à-coup en Spéculatif, je m'ingere à traiter des plus importantes matieres de Métaphysique, *sans y avoir jamais pensé.*

Il n'y a pas jusqu'à ma *Critique du Livre des Mœurs,* & ma *Monogamie,* qui ne puflent fournir encore beaucoup de traits, où l'on verroit des preuves fenfibles de ce Goût prédominant, qui ne fe développe aujourd'hui dans mes Ouvrages qu'après s'être manifefté chez moi dans tous les différens tems de ma vie. Mais c'en eft affez, & peut-être trop. Je ne crois pas qu'il refte là-deffus plus de doute au Lecteur, que fur le caractere de ceux qui m'ont obligé à ces détails.

Au refte, de quoi donc eft-il queftion? Eft-ce que la qualité de Métaphyficien, de Philofophe fpéculatif, eft dans le fiecle où nous vivons, un titre qui flatte fi fort la vanité? Y auroit-il preffe à s'en parer, comme du titre de Bel-Efprit?

Esprit ? Non certainement ; & c'est ce qui m'a rendu plus hardi à presser mes droits sur cet article. Le mérite en est très vil ; & le titre, quelque chose de plus que ridicule aux yeux de la plûpart des gens. Vrais apôtres de la Raison, ne pouvons-nous pas dire, presqu'avec autant de vérité que ceux de la Foi, *que nous sommes la balayure du monde ?* Que seroient aujourd'hui les Malebranches-mêmes ? les Leibnitz ? Un objet de risée, s'ils se fesoient une affaire de leur état. Il faut être aussi *enthousiaste* que je le suis, pour prendre la chose au sérieux. C'est pourtant comme cela que je l'ai prise. J'ai prétendu y procéder avec méthode & circonspection ; faire mes preuves ; annoncer un plan, le motiver, m'y attacher : . . . & mon Etoile est si malheureuse, qu'on me conteste jusqu'à ce Rien, où mon ambition venoit se fixer.

Sans plaisanterie ; puisqu'il existe une
Société

Société de Métaphyſiciens, & que quelque ſoit l'avantage d'en être Membre, je me trouve dans le cas, moins par le Suffrage d'autrui que par mon propre Choix; (le Suffrage d'autrui m'ayant bien donné le droit du Choix, mais non déterminé dans le Choix;) j'ai voulu le juſtifier, ce Choix, dans mes premieres Pieces Académiques. Il étoit naturel que j'alléguaſſe la continuité de mon goût & de mon application depuis près de vingt années, c'eſt-à-dire depuis ma jeuneſſe; & j'avouerai, que ſans me prévaloir des Faits que j'avois en main, je comptois en devoir être crû ſur ma parole. En impoſois-je, au point d'en être encore à jetter des regards novices ſur ces matieres? au point de n'en avoir pas même les notions les plus communes? Outre le Travers d'eſprit, il y auroit une mauvaiſe Foi, qui ſeroit aſſurément d'un mal-honnête Homme. Je n'ai pû négliger de confondre les auteurs de pareils bruits; & le Lecteur lui-même doit m'en savoir gré, s'il entend ses intérêts. Supposé que dorénavant il daigne m'honorer d'un commerce un peu suivi, la satisfaction de ce commerce n'en devra point être diminuée.

Tel enfin je me montre aujourd'hui, tel j'ai toûjours été, depuis que je me compte au rang des Hommes. Animé du même esprit; occupé des mêmes objets; plein des mêmes vûes; cherchant la Vérité, & ne cherchant qu'elle; cherchant la grande, l'importante Vérité, qui seule a droit de toucher & de remplir le cœur; ménageant pour cela mes facultés avec une parfaite œconomie; ayant évité toute ma vie les études qui ne sont que de curiosité, encore plus les travaux littéraires qui ne sont que de trafic & d'intérêt; éloigné de toute intrigue; négligeant, foulant aux pieds, ces soins,

ces

ces attentions politiques, qui entraînent la perte de la meilleure partie du tems; fuyant la dissipation des plaisirs, & les compagnies bruyantes; ne sachant ce que c'est, sous prétexte de délassement, de me prostituer dans les cercles par une indécente gayeté; recherchant la solitude pour penser, & de dignes Amis pour discuter mes pensées; dans le cabinet, embrassant peu d'ouvrage à la fois, mais me piquant d'y mettre la perfection, telle qu'elle soit, dont je suis capable; ne craignant jamais d'y procéder avec trop de lenteur, réfléchissant beaucoup; lisant avec mesure; écrivant peu. C'est ce genre de vie, où je persévere depuis si lontems, que j'appelle MA VOCATION *à la Philosophie spéculative.*

A talens naturels fort inférieurs, je me flatte que je pourois encore espérer le pair, avec tel dont le genre

de

de vie feroit différent. Que feroit-ce à talens égaux?.... Je ne parle pas de quelque droiture de fentimens, dont il me femble que tout ce qui fe nomme *Philofophe*, devroit faire la bafe de fa conduite.

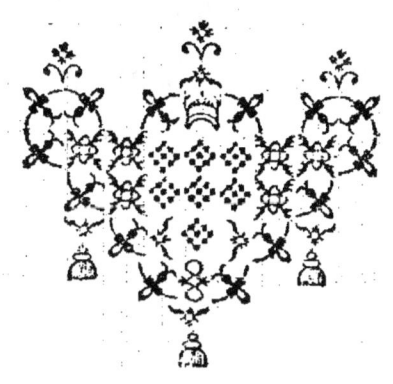

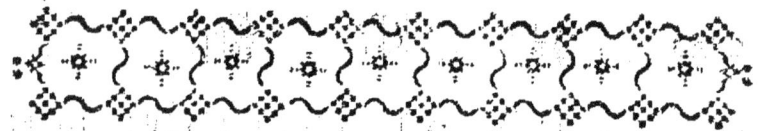

PENSÉES
sur
la PHILOSOPHIE, la CERTITUDE, & la VÉRITÉ.*

I.
Le Philosophe & le Soldat.

Le devoir du Soldat est la subordination & la bravoure. Celui du Philosophe est l'amour de la Vérité!

II.
Toute la Philosophie.

La Métaphysique, pour l'esprit ou l'entendement; la Morale, pour le cœur; & plus ou moins de Connoissance des Hommes, je dis des Hommes de son siecle

---

* Ces Pensées, excepté la Xe, ont déjà paru dans le *Diogene*; mais c'est ici leur place. Elles tirent de leur union avec cette X^e, de leur rapprochement, & de ce qui précede, une lumiere & une force qu'elles n'avoient point.

cle selon qu'on a dessein de vivre avec eux.... A quel rang donc mettre ces prétendus Philosophes, qui, sans Métaphysique dans l'esprit, ont encore moins de Morale dans le cœur; ce que leur maniere de penser, aussi bien que leur maniere d'agir, ne montre que trop?

III.
Doute méthodique.

Le Doute méthodique n'est bon à rien. Un Doute qui n'est qu'affecté, & non réel, n'anéantit pas le Préjugé, & ne manque jamais de ramener juste au point d'où l'on est parti. C'est ce qui est arrivé à Descartes. S'imagine-t-on qu'après son Doute il ait crû autre chose que ce qu'il croyoit auparavant? Tout cela n'est qu'une façon, je dirois presque une momerie indigne d'un Philosophe. Un bon Doute, ou ne nous auroit rien donné, ou nous auroit donné probablement une toute autre Philosophie.

sophie. Il l'avoit eu, ce bon Doute, à l'égard des opinions de l'Ecole: auſſi n'y revint-il pas.

IV.
Effets de l'Examen.

Ce que Descartes n'a fait qu'une fois dans ſa vie, & mal; je le fais, & le ferai dans toute la durée de la mienne. Je ne ceſſe preſque de mois en mois, presque de jour à autre, de remettre mes plus cheres Opinions au creuſet d'un ſérieux Examen, par un Doute en vérité plus que méthodique; avec une entiere impartialité; prêt à prendre à l'inſtant-même le contrepied, s'il eſt beſoin. Auſſi n'arrive-t-il gueres que je ne trouve, ou des Difficultés, ou des Solutions nouvelles; mais plus des premieres que des dernieres.

J'écrivois ceci, il y a déjà pluſieurs années. Depuis, il ſemble que les Difficultés ſoyent devenues plus rares, & les Solutions bien plus fréquentes. Eſt-ce ce bon signe? Oui..... Surtout quand pour en venir là il a fallu faire de généreuses exécutions sur les Préjugés; tailler, trancher dans le vif, afin de sauver l'Essentiel.... Et quel est l'Essentiel? Ce qui doit être vrai en dépit des Difficultés..... Quoi?

Primò, & avant toutes choses, la réalité des Devoirs moraux qui font le lien de la Société.

Secundò, l'existence d'un Dieu très bon, qui vient à l'appui de la Morale, comme inspecteur & comme motif.

Tertiò, nouvel appui: l'attente d'une Vie à venir où se dissiperont les Ténebres de la présente.

V.

L'Art de penser.

En Mathématiques il suffit de se rappeller qu'une Proposition est démontrée, sans qu'il soit besoin de toute sa vie de s'en rappeller la Démonstration. Beaucoup de gens croyent qu'il en est de même me en matieres de Métaphyſique. Je les avertis qu'ils ſe trompent. En vain tenez-vous des Vérités très fines & très déliées, ſi vous n'avez également préſentes les Raiſons qui les démontrent. Du moins je ſuis très convaincu de ce que je dis ; & de là cette habitude conſtante, où je ſuis, de ne me rappeller jamais une de mes Opinions en Métaphyſique, ſans citer les preuves à comparoître, par un ordre qui s'exécute avec autant de promptitude qu'il eſt donné. C'eſt l'occaſion & le motif de ces Examens perpétuels que je fais de mes Principes, depuis vingt ans avec autant de ſoin que le premier jour.

Un autre motif ;... cette cruelle idée. Perſonne, pour grand génie qu'il ſoit, n'eſt exempt d'erreur : il y a donc aſſurément de l'erreur dans quelques-unes de mes Opinions. S'il y a des traîtres entre mes amis, qui ſont-ils ? Il faut chercher, & ne ſe laſſer point dans cette

Tome I.   Z   recher-

recherche; la condition n'est pas agréable. Le Thrône a des soucis; la vie obscure du Philosophe n'en a pas moins. Mais il y a entre cet état & celui du Pyrrhonien la même différence, qu'entre la conduite d'un bon Prince qui a lieu de se méfier de ceux qui l'environnent, & celle d'un Tyran volage & fougueux. Le premier sonde les cœurs sans rien précipiter; l'autre sacrifie tout à ses soupçons. Le Sage consent à caresser quelques Erreurs inconnues, plûtôt qu'à proscrire par un injuste arrêt la Vérité-même avec l'Erreur.

VI.

Pyrrhoniens.

Le Pyrrhonien de Moliere, qui répond *peut-être, il me semble, cela se pouroit*, à tout ce qu'on lui dit, est mille fois moins ridicule que les trois quarts de nos Pyrrhoniens, si tranchans & si décisifs sur toutes les questions qui se proposent.

VII.

VII.

Surprise de l'Evidence.

Qu'un Pyrrhonien dans le commerce de la vie parle de Vérité & de Certitude, comme les autres hommes, cela ne me surprend point. On auroit tort même de le lui reprocher. Il est dans le cas d'un Copernicien, d'un Cassini, qui dit comme un autre; *Le soleil se leve, telle constellation est à la moitié de sa course, &c.* Mais que dans une dispute réglée où il s'agit de soûtenir qu'il n'y a rien de certain, ces sortes de gens prennent le ton du Dogmatisme le plus ferme, c'est le comble de la disparate. Rien de plus aisé que de les mener là. Commencez par les presser de franc jeu. Ensuite sans quitter le ton sérieux, tombez à dessein dans des raisonnemens peu justes, plus ou moins, selon que vous leur connoissez d'intelligence pour démêler le manque de justesse. Vous les verrez aussitôt triompher. *Vous avez heurté un Principe incontestable. Vous choquez toutes les regles de la Logique. On ne vit jamais raisonner de cette façon-là. A quoi pensez-vous? C'est un pur paralogisme. On ne peut nier que....* „ Ah! „ Messieurs, il est donc des regles de „ raisonnement; je vous y tiens. En- „ tre-t-on avec cette vivacité, cette „ animosité, dans les principes des au- „ tres? Voix de la conscience! Dès que „ vous sentez que je raisonne mal, vous „ êtes convaincus qu'il y a une vérité „ & une fausseté dans les raisonnemens: „ c'en est assez. „ Je n'en ai point vûs qui ne se soyent trahis à cette épreuve, & à qui je n'aye eu le plaisir d'extorquer en un quart d'heure toutes les phrases les plus affirmatives, toutes les expressions les plus familieres à ceux qui ne doutent de rien.*

VIII.

---

* Il seroit bon de se rappeller en cet endroit, ce qui est dit ci-dessus, pag. 321.

VIII.
L'Enveloppe à claires voyes.

Le Pyrrhonisme n'est le plus souvent que l'Enveloppe de l'Ignorance; mais il faut n'être guere habile pour en être la dupe, & ne pas percer un voile si mince. Autant je respecterois un Pyrrhonien en qui je remarquerois un savoir étendu, joint à une réflexion profonde: autant je méprise ces petits génies qui ne savent pas même être ignorans; qui ne peuvent, ni se cacher, ni se montrer, comme il faudroit.

IX.
Nécessité des Systèmes.

Condamner les Systèmes, c'est vouloir que le Philosophe ne s'applique, ni à la connoissance des vérités, ni à la recherche des liaisons qu'elles ont entr'elles. Car se faire un Système n'est que cela. Mais qui doute qu'il n'y ait de faux Systèmes?

X.

Le meilleur Système.

Quand je parle d'un Système de Philosophie, je n'entens point parler d'un Système d'Astronomie ni d'un Système de Physique, où il s'agisse d'expliquer les loix d'impulsion, ou d'attraction, selon lesquelles les Planetes & les Corps en général se meuvent dans l'Univers. Ces objets sont grands pour le Mathématicien, mais fort petits pour le Philosophe. J'entens *un Système, dont le but soit de lier de la maniere la plus heureuse les Principes de nos Connoissances*; & voici l'idée que je m'en forme.

„ Je ne prétens point qu'il soit *exempt*
„ *de Difficultés*, ni même *d'Incompréhen-*
„ *sibilités*; la foiblesse humaine ne va
„ point là. Mais je prétens, qu'il soit
„ tel *dans toutes ses parties*, qu'on n'en
„ puisse *contredire aucune*, sans tomber
„ dans *les mêmes Incompréhensibilités* pré-
„ cisément, ou dans *de plus grandes en-*
„ *core,*

„ *core*, que celles qu'on objecteroit; &
„ qu'aussi, somme totale, il ait *moins de*
„ *Difficultés*, & de *moindres Difficultés*,
„ que tout autre Parti qu'on voudroit
„ prendre. Avec cela, pour qu'il se
„ trouve *le plus desirable*, comme *le*
„ *moins contestable* tout à la fois, je de-
„ mande *qu'il soit le plus propre à main-*
„ *tenir l'ordre de la Société, le plus con-*
„ *solant dans les Peines présentes, & le*
„ *plus flatteur pour l'Avenir.* „

Or, le dirai-je? c'est à quoi j'estime être parvenu, ou à-peu-près. Tout consiste dans un heureux tempérament d'Assertions déjà connues, & souvent agitées entre les Philosophes. Il n'y en a aucune qui soit absolument nouvelle; l'Ensemble seul est neuf, mais il l'est bien: & je le crois si essentiel, cet Ensemble, qu'il ne me paroît pas qu'on y puisse rien changer sans que l'effet en soit détruit. Le Lecteur en jugera; je le lui présenterai, quand il sera tems.

XI.

Contre l'Enflure philosophique.

Quand je vois dans des Erreurs grosfieres, dans des sentimens même que je ne puis m'empêcher de tenir pour plus injurieux à la Divinité que l'Idolâtrie & l'Athéisme, des personnes d'ailleurs de mœurs saintes & irréprochables; hélas! me dis-je, seroit-ce donc peu de chose que la connoissance de la Vérité, puisque ces Ames innocentes en sont privées! Un mot de Pope me vient alors dans la pensée, pris en un sens plus étendu, mais qu'assurément ce grand Homme ne désavoueroit pas. „ Quelquefois la ver-
„ tu meurt de faim, dit-il, tandis que
„ le vice regorge de biens. Que s'ensuit-
„ il? Le pain est-il la récompense de
„ la vertu? Le vice peut l'acquérir.
„ C'est le prix du travail. Le scélérat
„ le mérite, lorsqu'il laboure la terre. „
La Vérité, la Vérité elle-même, estelle la récompense de la vertu? Le vice

peut

peut l'acquérir. C'est le prix de la réflexion. Le scélérat la mérite par l'application de son esprit, & n'en devient souvent que plus scélérat. Ah! qu'il y a bien là de quoi s'en faire moins accroire; tout en se flattant d'avoir mieux rencontré que d'autres dans la recherche de la Vérité.

XII.
Sacrifice des Préjugés.

La Vérité doit toûjours être dite. Je parle des vérités de spéculation; & non des vérités de fait, qu'on peut, & qu'on doit quelquefois consentir à taire. S'il étoit vrai qu'il n'y eût point de Dieu, cette Vérité désolante, *Il n'y a point de* Dieu, seroit le Dieu-même auquel il faudroit sacrifier. Que ne sacrifierons-nous donc point à cette desirable, à cette consolante Vérité; *Il y a un* Dieu!

TABLE
des Pieces contenues dans ce Volume.

PREFACE. Page III.

DEDICACE CONDITIONNELLE. 1.

BUT LEGITIME *du Philosophe dans la Publication de ses Ecrits.* 4.

REMERCIMENT *à l'Académie Royale des Sciences & Belles-Lettres de Prusse.* 18.

CONSIDERATIONS PARTICULIERES *sur le Néant de ce qu'on appelle Gloire & Immortalité.* 33.

DISCOURS *de la Durée des Réputations.* 53.

> PREMIERE PARTIE. *Vrayes Causes de la longue Durée de la Réputation des Anciens.* 56.
>
> SECONDE PARTIE. *Obstacles qui doivent empêcher que la Réputation des Modernes ne soit durable.* 86.

PARTI A PRENDRE *dans le désespoir d'obtenir une Réputation durable.* 117.

PROBLEME: *Quel est le plus fameux des Romains.* 135.

CAS DE CONSCIENCE, ou *Discours sur cette Question*;

S'il est permis de proposer contre les Preuves des Vérités les plus respectables, & que l'on reconnoît pour telles, & non seulement contre les Preuves, mais contre les Vérités-mêmes, des difficultés, de nature qu'il soit à craindre, que la Foiblesse humaine qui les forme, n'ait beaucoup de peine à les résoudre. 164.

EXPOSITION *de quelques Procédés.* 237.

DE MA VOCATION *à l'étude de la Philosophie spéculative.* 275.

EXTRAITS *d'un Mémoire adressé à M. Daniel Bernoulli, le 8 Mai 1745.* 300.

EXTRAITS *d'un Mémoire adressé à M. Auguste-Jean Buxtorf, Pasteur de Bâle, le 16 Février 1749.* 313.

EXTRAITS *de quelques Lettres adressées au R. Pere Tournemine Jésuite, en Mars 1735.* 325.

CONCLUSION *de toute la Piece.* 337.

Pensées *sur la Philosophie, la Certitude, & la Vérité.* 349.
I. *Le Philosophe & le Soldat.* 349.
II. *Toute la Philosophie.* 349.
III. *Doute méthodique.* 350.
IV. *Effets de l'Examen.* 351.
V. *L'Art de penser.* 352.
VI. *Pyrrhoniens.* 354.
VII. *Surprise de l'Evidence.* 355.
VIII. *L'Enveloppe à claires voyes.* 357.
IX. *Nécessité des Systèmes.* 357.
X. *Le meilleur Système.* 358.
XI. *Contre l'Enflure philosophique.* 360.
XII. *Sacrifice des Préjugés.* 361.

Fin du Tome I.

www.ingramcontent.com/pod-product-compliance
Lightning Source LLC
Chambersburg PA
CBHW060052190426
43201CB00034B/725